從暗淡到絢爛
看得見的港島 故事

張順光　陳照明　譚家齊　　　著

歷史攝影與攝影歷史　001

「一照難求」的古典攝影時代　005

香港島的分區問題　013

港島各處街區歷史照片的分析　019
中西區｜灣仔｜東區｜南區

序一

在下成長於中上環區，亦曾居住於東區及南區，對於區內的街巷，如皇后大道、「文武廟直街」的荷李活道、「師姑街」的士丹頓街、富人府第林立的堅道和羅便臣道，東區的莊士敦道、告士打道、軒尼詩道、英皇道，南區的淺水灣道、香港仔大道及海鮮舫等，至今仍有極深刻的回憶。

對於區內的多家茶樓酒家、戲院、百貨公司、商業大廈以及遊樂場所和廣場等，亦有不可磨滅的印象。戰後迄至 1970 年代，辦公樓、戲院及酒家茶樓林立的消費區之繁華場面，令人回味。

不過，隨著多家消費場所結業，繁華場面隨之而失色，美好回憶亦只是殘存的記憶及空想。

有幸獲睹張順光先生、陳照明先生及譚家齊博士的著作《從暗淡到絢爛：看得見的港島故事》，書內多張難得一見的明信片及照片，可以「捉回」個人從童年迄至成長期，在多區生活及路過的現實「場景」，包括雲集珠寶金行的皇后大道中、百貨公司及大酒家的德輔道中、灣仔杜老誌道碼頭、國民戲院、北角璇宮戲院及太古糖廠和

西灣河的民居等，琳瑯滿目。

　　閱覽及細味此等圖像，能夠勾起在下的兒時以至青年中年的情景，百感交雜之餘，亦為一賞心樂事，相信熱衷於早期明信片及照片的同好，亦會欣賞這本大作。

鄭寶鴻

2024 年 6 月

序二

感謝順光兄、照明兄和家齊兄讓我先睹為快，得以欣賞大量難得的香港歷史照片，並細讀他們的精彩解說。香港的歷史照片蘊藏著豐富的史學議題，此書透過「讓照片說話」的方式，為我們打開了一扇窗口，使我們得以從不同角度了解香港在十九至二十世紀的歷史面貌和變遷。

由於技術和成本等原因，攝影技術剛出現時「一照難求」，因此這些早期香港的影像彌足珍貴。作者敏銳地指出由於照片難得，它們既可能反映了實況，亦可以是拍攝者出於各種意圖下悉心安排佈置的景象，更反映了拍攝者的自身認知和世界觀。以香港舊照片為題的書籍其實不少，但以批判角度審視拍攝者、拍攝對象，以及其時空背景的作品卻實屬難得。當然，照片作為史料自有其限制，有圖當然未必有真相。作者們以「大話勿說」為原則，充分利用了這些史料，透過細心解讀，試圖梳理畫面中的時地背景以及攝影技術因素，為讀者呈現一個立體的圖像。我們亦要謹記，沒有照片記錄的世界，可能比被攝入鏡頭的世界更大。

近年，香港的舊照片在社交媒體隨處可見，吸引了大眾的注目，連帶舊照片的價格亦居高不下。其中貝大衛（David Bellis）的「古老網」（Gwulo.com）不但提供了大量照片，亦為部分照片進行了深入的考證，甚至挖掘出背後的感人故事。三位作者以圖像入手，向我們介紹了香港的政治史、社會經濟史、建築史、風俗文化史，以及攝影技術史。透過照片，我們得以了解從填海造地與海岸線變遷、基礎設施建設、土地用途演變到街道景觀轉變等過程。我們又可以細看駐港英軍的軍事活動，

見證香港作為國際貿易港口的崛起與結束，並走進宗教場所、節慶活動、體育賽事以及娛樂空間等場域，感受昔日香港的社會氛圍和不同人士的互動，又得以了解重要事件，以至街市、地標建築、會所、軍營等場所的出現和消失。此外，南區香港仔水上人群體的獨特生活方式，也在這些照片中得以呈現。這些資料都為快速變化的香港提供了特別的深度。

以往有關香港歷史的討論大多把空間視為背景；作者們則利用圖像為切入點，為我們述說這個背景的有趣多樣之處。在處理這些香港島的歷史照片時，亦特別注重探討空間維度與分區問題，既力求呈現各區域的獨特風貌，又帶出了當時香港不同地區、族群、階級，以及習俗之別，這些討論內容引人入勝之餘，更能使我們明白香港歷史的多樣性及其特點，突出了香港在近代世界歷史上的地位。

近年，數位人文（Digital Humanities）的方法日趨普及；更多研究者已開始利用地理資訊系統（Geographic Information Systems）和其他地理空間科技處理、組織，並視像化空間數據，使本來被視為背景的空間成為研究對象。隨著人工智能分析和歸納圖像的能力日新月異，這些流傳於世的大量香港照片會否是香港歷史研究的一個新方向，我們拭目以待。

鄺智文

2024 年 6 月

自序一

憶起 1992 年，區域市政局在三棟屋博物館舉辦明信片展覽「Dear John……香江飛鴻明信片展」連展，三個月的展期中，每天入場參觀人數破歷年紀錄。場刊三千本，不消一星期全部沽清，反應超出預期。

報章每天更用不同明信片圖像報道展覽盛況，吸引大批讀者購買。於是，無綫電視邀約我們三人拍攝一集《星期五檔案》，題為「留住往昔片段」。

接著，香港三聯書店指派鄭德華博士及李安編輯作代表，接洽博物館館長嚴瑞源先生，與我們商討出版明信片書籍事宜，我們一口答應。以一年時間籌備，這本全港首本中英對照、圖文並茂的《香港歷史明信片精選》，終於在 1993 年 11 月面世。

此書出版後榮獲三項殊榮，包括香港最佳印製書籍獎 —— 最佳中文一般書籍（彩色）獎、香港設計師協會「設計九四」書刊組金獎，以及美國 Gold Ink Awards 平裝組銅獎，由出版價值以至設計印製都備受肯定。

剛巧 1990 年代開始，因著「九七回歸」的概念，坊間掀起了一股香江懷舊熱潮。大家從明信片映照的歷史景象中回望過去，冀能找回已失去亦已遺忘的回憶印記。

與此同時，香港三聯書店率先推出一系列香港題材著作，此後不少出版社也緊追風潮，出版香港題材的歷史文化書籍。每年書展香港題材的讀物源源不絕地推出，事實證明如此題材大有市場。

早前，很高興獲悉香港三聯書店再度計劃出版香港歷史明信片集。自筆者首次出版香港歷史明信片集距今已逾三十年了，實在與有榮焉。

是次能夠夥拍陳照明先生、譚家齊博士共著本書，更感榮幸。陳先生的明信片藏品之豐之罕，已經難逢敵手，加上譚博士對攝影的研究見識，為本書起了畫龍點睛之效。繼 2021 年 12 月為紀念日佔香港八十週年而合著的《明信片中的日佔香港影像》，原班編輯同事聯手熱心製作，在此感謝他們的努力付出，亦期望本書可獲讀者共鳴。

張順光

2024 年 5 月

自序二

　　予六十年代投身社會工作，遊走港島區上環至東區一帶，親眼目睹很多建設於早期時代之建築物、創立於早期之商號：如早期的中區郵政總局、太子行、第三代滙豐銀行、上一代渣打銀行、上環廣生行、金龍酒家、銀龍酒家、恒聲戲院（前新世界戲院，今為無限極廣場）……等等。

　　隨著時代變遷，該等建築物陸續拆卸，令我有份依依不捨的情懷，而早期拍下的圖片及明信片正可填補及回顧失落的當年影像，尤其九十年代順光兄及其朋友出版之香港歷史明信片書本，正好勾起我的巨大迴響，遂開始我收藏明信片的習慣。

　　其實不同年代的各類黑白或彩色明信片，可以見證不同文物的變遷，亦引發我們深刻的回憶。去年有機會與順光兄及香港三聯書店偉基兄會面，提及出版港九及新界離島歷史明信片集事宜，正好乘機出版有關書籍，促進廣大民眾對於香港早期面貌及民生生活有進一步的了解，而對於能再度被邀參與出版，深感榮幸。

　　在此希望能夠藉此機會拋磚引玉，敬請各位前輩不吝賜教，是所至盼。

陳照明

2024 年 6 月

自序三

「還要走多遠，才能完成這環島之旅呢？」當初為了了解本書想展示的照片，我便幻想這是一趟由堅尼地城沿海往東起行的旅程。可是在這趟時空交錯的旅途中，不時因一個招牌、一件長衫，駐足竟日考證與深思，以致原意一月之旅走了整整一年。

雖對推廣歷史知識及歷史教育責無旁貸，但令我參與撰述這本離我主要研究範圍頗遠的小書，其中最大的因緣是 2021 年 12 月，參加「香港淪陷八十週年學術研討會暨《明信片中的日佔香港影像》新書發佈會」時，認識了該部圖集的作者張順光和陳照明兩位著名收藏家。當時我笑說淪陷歷史總體一片黑暗，但二君搜尋遺忘的史料竟令我們對三年零八個月漸見「光、明」！此後經香港三聯書店資深編輯梁偉基博士穿針引線，讓我有幸跟兩位前輩學習。

在籌備本書時，梁師兄先請兩位從他們如海沙般的香港照片與明信片收藏中，選出前此罕見的港島區佳作。然後以此為題，讓我從史學研究者的角度解說照片。其實不少前輩學者與收藏家，已在這範疇有相當份量及質素的作品，我們便得討論如何避免太過東施效顰，糟蹋了前輩的珍藏。我們的結論是應從兩個新的角度出發：首先，是以有法理依據的小型分區為本，將照片組織起來作以分區歷史發展的論述；其次，是以攝影者的角度盡量討論照片的立心、技術與意趣。

有了這些明確的要求，原來輕輕鬆鬆的按圖索驥，漸漸變成了從圖像演說街區歷史的龐大考據。因為拍攝的技術參數罕有紀錄，而照片拍攝的位置、圖中凝視時代如何確認、彼此之間有何聯繫，就不能簡單地以單張照片獨立處理，而必須將整個小區的選材，加以聯繫比較以作全盤考證與考慮。

　　這本來是個更不可能的工程，幸好張順光、陳照明兩位前輩在收藏時早已有嚴格的分區系統，照片交來時已作很準確的分區整理，此中實在感嘆兩位前輩的識見。故此餘下的工序只是在兩位的指引下順勢而行，過程中充滿漫步的樂趣，彷彿跟照片的途人和攝影師有說有笑。因此，在最終完成這個環島旅程時，竟然是依依不捨的。我萬分希望親愛的讀者在看這書時，能有同樣的樂趣！

譚家齊

2024 年 5 月

引言：攝影師之眼下的港島

　　從荒涼漁村到國際都會，應是中西史學長久以來對香港發展的深刻見解。雖然有論者謂在日後發展中包含了香港島、九龍半島及新界的香港區域，原來就不是只有漁民聚落的，同時新界也有富庶的農村及繁盛的市鎮。這可說是從香港成熟時期的輝煌印象，投射回看整個地區的初始階段，卻淡忘了香港島這彈丸之地，在開闢之初相當荒蕪的本相。

　　歷史的眼光，就是要盡量站到過去的時空之中，切身處地的理解前人的處境，並且感受他們的喜怒哀樂與成功失敗，從中吸收可豐富今人生活與幫助我們決策的歷史經驗。所以，認識香港島開埠時期的荒蕪，以體察往後百多年步步營建的艱辛，讓我們更飲水思源地認識這城市的根基，也明白香港今日的繁榮如何難能可貴。而從香港島不同地區的發展歷程出發，再逐區擴充了解後來加入香港的九龍半島和新界各處的歷史時空，才能令我們真正明白本地歷史發展的脈絡，由此掌握古往今來的發展大勢。這正是我們將本書題為「從暗淡到絢爛」的立心，以照片史料重現香港島社區得來不易的興起過程。

　　在十九世紀發明的照相技術，將歷史時空凝結在「決定性的瞬間」，無疑就是我們觀察過去最方便的資源。照片啟發我們對時間、地點、建築、人物以至事件的直觀了解，更是文字或聲音史料難望項背的。在第二次世界大戰後錄影紀錄普及以前，以攝影設備捕捉剎那流光，確實是最可靠的歷史記錄手段。我們對不同歷史時期的照片

加以鑑賞、分析，正要將底片中明示及暗藏的各種訊息曝露出來。不過，因應影像記錄者的不同目的而產生的照片，在用作歷史資料時也有令人疑惑之處，例如構圖、曝光甚或色彩完美的風光照片，或許掩飾了當地居民不美但真實的生活掙扎，這是審美維度與歷史觀察南轅北轍的考量。所以在進入照片探索鏡頭所示的世界之前，史家的預備工作除了認清如光圈、快門等拍攝的技術因素外，也得盡量探問照片的意圖，乃至攝影師的生平來歷、審美訓練和與被攝對象的關係，等等。

有關香港歷史照片的著作早已蔚然可觀，在這個如萬花筒的領域如何再創新猷呢？我們最重要的理據，在於本書搜羅前人未有出版的照片，但更重要的新意是本書嘗試從攝影技術與攝影者的角度分析照片，以及脫離特定建築物與街道間點與線的限制，而以二維乃至三維視角的「區塊」（Polygon）框架，去分析照片當中港島不同區域的歷史訊息，從而觀察在街景與建築之外，前人罕有注意的「街坊小區」發展情況。從這種問題意識出發，本書搜羅的照片不再只顧及燈紅酒綠的鬧市，亦會囊括荒山野嶺與窮鄉僻壤，盡量將整個香港島的完整面貌呈現出來。

歷史攝影與攝影歷史

　　要利用照片作歷史研究的史料，首要的考慮是現實與抽象的表述問題：究竟照片是「紀錄照片」還是「歷史照片」呢？紀錄照片，就是攝影者有意為文物或建築物外觀作記錄，在拍攝時注意表現主題的存在脈絡，包括物件被發現的場景、與其他物品及建築的關係。這種刻意拍照以作記錄的方法，對建築、考古與文物研究尤為重要，因為一旦文物離開發掘現場，便會失去它們本來存在的脈絡；日後要了解物品的用處、配搭，以及象徵和符號意義等文化意涵，得參考描述發現過程與場景的紀錄照片。

　　至於歷史照片，可說是攝影技術出現一百多年以來，不同人士於不同時代因各種原因拍下來的照片。這些凝結過去時空的作品，直接反映被攝時代的人物、衣飾、街景及風尚等等歷史現場的景況。不過，歷史照片純粹拍攝時間久遠，多數不是為記錄歷史或研究目的而拍下來，故此要作為史料去討論歷史議題，仍需要一番篩選、過濾與透視。

　　話說回來，要利用歷史照片研究史學議題來「讓照片說話」，的確要下一番功夫。然而，對攝影史這個新興史學範疇，歷史照片本身便是現成的研究對象了。二十一世紀進入數碼攝影的時代，如果是在這時代才加入攝影行列的新生代攝影人，未必對菲林及以前時代攝影技術問題有同情的了解。原來攝影在審美之外，也是講求化學及物理知識的重要領域。有關技術包含器材的四大元素：鏡頭的光圈大小、相機的快門速度、菲林的大小與曝光敏感度、相紙或幻燈片沖曬的技術。其餘如鏡頭焦距、菲林的色彩特性、閃光燈與腳架的運用，乃至構圖的好壞，已是相對次要的問題。專業攝影師往往會在拍攝時記下相關的資訊；而有經驗的攝影研究者，雖然未必可在閱讀照片時讀取精確的數據，但大概能指出相差不遠的技術參數，例如從畫面的解像度得知菲林的格式、從景深的情況知悉光圈是大於還是小於 f5.6，等等。

　　因此，本書呈現的港島分區歷史照片，最少可從香港政治史、社會經濟史、建

築史、風俗文化史、以及攝影技術史的角度，作出多元的解讀。此外，如果掌握到攝影師的情況，例如從明信片推論拍攝者以射利為本的專業人士，更可推論他們與被攝對象的關係，如此甚至可加入中外交流史、旅遊史以及審美史的眼光。

「一照難求」的古典攝影時代

　　在當今已徹底數碼化的攝影世界中，特別是手機拍照也足以日常展示的條件下，每人每天也可能拍攝成疊的照片，全球每年產生的照片甚至可以百億計。所以今日攝影範疇面對的難題，多是「相滿為患」——就是如何儲藏與尋回照片。今人由是難以理解在攝影技術草創最初一百年中，拍照成本高昂與對技術極高要求下，這種比繪畫更寫實的圖像記錄了「一照難求」的苦況。第二次世界大戰以後攝影技術突飛猛進，在廣泛應用小型格式菲林後，雖然照片產量仍難與今日媲美，但比起戰前已有極大的飛躍了。在十九世紀至二十世紀中期照片數量稀少的階段，本章將此階段名為「古典攝影時代」，而後面章節搜羅的各色照片不少是來自此時期的作品，在講解這個技術條件所屬的時代跟戰後及現今都相去甚遠的攝影作品時，我們會特別注意其中拍攝的技術限制，如何影響照片呈現的情況。

　　雖然針孔成像的攝影原理，早在公元前三四世紀已分別被中國及西方文明發現了，但真實意義的現代照相是由十九世紀的法國人發明的。達蓋爾（Louis-Jacques-Mandé Daguerre, 1787-1851）在前人的瀝青攝影基礎上，改以水銀蒸薰的沖曬方法，於 1839 年發明了銀版攝影術。這方法雖然可減短在太陽下的曝光時間至 30 分鐘，但對攝影人像來說條件仍遠非理想。就在第一次鴉片戰爭開打的 1840 年，他的同胞貝茲巴爾（J. Petzval）設計出 f3.7/100mm 的大口徑鏡頭，比起達蓋爾相機的 f22 鏡頭光量進入高速了 20 倍，令照相曝光時間可控制在數分鐘之內。隨後在 1851 年濕板照相法出現了，曝光時間因濕板底片感光敏感度較高，而大幅提升至數秒鐘。

　　鏡頭改進了，相機的機身在十九世紀後期也往輕便的方向發展：從最初木製四方箱型，至以蛇腹皮革取代木製胴體，並因此令相機在非拍攝時可以摺疊，以便攜帶與收儲。與此同時，1871 年出現了玻璃乾板，攝影師便可預製乾板，出門攝影時只需將照相機、三腳架，以及裝在片匣中的乾板底片帶在身上，不必再帶著在現場製造底片的設備及即時沖洗用的黑房。底片技術在 1889 年再有進一步的突破：賽璐珞膠

卷底片問世了，一卷可拍六至八張照片，而且因感光度提升，晴天時在野外拍照，約需 1/30 秒便可完成，令手提攝影逐漸可行，而且對被攝者的動作凝固要求也大大降低了。

此外，原來以鏡頭蓋來控制曝光率的方法，也被可控制開關速度的機械快門取代了；同時菲林的粒子愈來愈細，令尺寸較小的菲林也可拍攝到質素可觀的照片。於是到了 1910 年代，原本以木製為主的機身，便改由黃銅鐵皮等合金製造。因金屬增加相機的強度，也可對機身部件進行精密加工，相機便成為高性能而輕便的拍攝工具。於是進入二十世紀後，拍照已是一種可動性高，而且幾乎可全天候進行的即時影像記錄手段，照片的題材與數量也就大大增加了。

攝影技術出現的時代，正巧也是中國被迫向西方列強開放門戶的時期。於是這種最新發明的影像技術，也隨商人、外國官員、傳教士，以及職業攝影師來到中國，其中尤以在剛開埠受英國殖民管治的香港，可說是東亞的攝影基地。1844 年法國官員埃及爾（Jules Itier, 1802-77）帶著照相機抵達澳門，在珠江三角洲拍攝了一批照片。爾後美國、意大利及法國的攝影師也來到中國各地拍照，留下了有關中國近代史的重要影像史料。在中國開辦的首間照相館，即是美國人韋斯特（George R. West, 1825-59）在 1845 年創辦於香港的達蓋爾攝影法照相館。韋斯特是隨外交代表團來華的官方畫匠，在中國居住了六年之久，照相館收費是「單人小照價格三美元。合影照片每人額外多交二美元」。在 1845 至 70 年之間，在香港活躍的歐美攝影師有十多位，當中多數是在酒店中租一間房，為香港的傳教士、海關人員、水手等兼職拍照，而不少香港十九世紀的存世照片，便是這些歐美攝影師的作品。在 1870 年之後，香港開始出現了由華人開設的照相館，較著名的有賴阿芳照相館和梁時泰照相館等。

從上述古典攝影時代器材發展的簡要歷程可知，攝影這活動要求很多而且不易

隨時隨地隨意進行，攝影師拍照多是要事先計劃，去作具實際政治、經濟、軍事或家庭需要的記錄，以產生具美學水平的作品，有時期望作品能具備一定的市場價值，以收回拍攝成本甚或賺取利潤。換句話說，古典攝影作品原是以紀錄照片為主，當中凝結的事件、建築、風俗或社會百態，都是有意存留的史料，大多是有意籌備組織的「擺拍」。這種作品常具一定的典型（Stereotype）意味，尤其是西方攝影師拍攝如香港、京都等東方地區的作品，更展現出西方人對東方社會的定見，而不一定反映攝影師在當時當地見到的現實。這情況與二十世紀中期的新聞攝影概念，實在是不能同日而語的。

　　二戰前後德國徠卡、康泰時及日本尼康、佳能等攝影器材大廠，大量生產可靠的小型相機（Small Format），令職業乃至業餘攝影師可憑勇氣靈活地走到各種戰爭或「案發現場」，從而取得在被攝者毫無準備下，由「新聞攝影」捕捉到的「決定性的瞬間」。[1] 至於古典攝影時代的照片，就不能以這種即時、隨意與意圖不清的新聞攝影標準來評價與分析了。例如我們便不應指責十九世紀後期的街道照片多為擺拍，因為當時攝影師應帶著一群助手將笨重的相機、腳架等器材置於路中，必然阻礙了部分的街道，而且在 1890 年代之前，曝光的時間既因玻璃底片感光敏感度低，鏡頭實用光圈又小而需最少以數秒計。試問被攝者如果不通力合作地將活動緩慢乃至靜止，有關照片會如何模糊不清呢？如果能先接受這種因技術限制出現的拍攝者與被攝者的合作關係，以及了解拍攝靜物的照片比人物更多的技術原因，便不會出現許多以今非古的疑惑了。

　　誠然，這種有意地拍攝典型性情況的「紀錄照片」其實不易處理，究竟照片反映

1　有關照相技術發展的簡史，參黃俊榮：《古典相機收藏圖鑑》（台北：果實出版社，2001），頁 2-29。

的是當時當地的真實情況，抑或是外來攝影師對當地的認知與印象呢？例如1910年代香港男性在煙館吸食鴉片煙時，是否仍頭戴瓜皮帽而腳穿布鞋呢？在紀錄照片中展現的情況是否「史實」，有時的確耐人尋味。惟一可肯定的真相，似乎是照片的攝影師會認定這個影像，就是他們當時預期的讀者有興趣認識的情況。在閱覽本書提供港島各區的照片時，不妨留心一些「紀錄照片」的作品，與那些較為隨心而拍的「歷史照片」之間，有沒有很不一樣的創作意圖和拍攝手法。

　　此外，明信片亦是較難歸類與評鑑內容真實性的影像史料。有意製作明信片的攝影師，一方面有著明顯的贏利目標，故此拍攝的內容必須考慮受眾的期望、口味，以及外國人對中國的獵奇心態；另一方面，明信片常以到港的旅客為銷售對象，如果當中的內容與本地的現實差距太遠，又易令有意求真的顧客失去興趣。在製造理想化的審美典型以及描繪當下的現實之間，攝影師往往有各不相同的考慮。因此，要決定明信片是以記錄人物、建築或風俗等主題存在脈絡的「紀錄照片」，抑或是跟隨心街拍無異的「歷史照片」，大概要逐張判斷而不可一概而論。這次選擇的照片之中，不少來自十九世紀末至二十世紀初的明信片，據香港郵政局處理信件的記錄，即知在1899至1900兩年之間，便從香港寄出了超過42萬張之多。[2] 除了到此一遊的紀念意義外，這樣數量龐大的明信片亦建構了世界對香港的印象，而這些印象反映了港島各區理想化的典型，抑或更近乎現實的處境，則是本書有意讓大家深入思考的方向。

　　攝影既有詮釋現象與記錄實況的強大威力，因此也是搜集情報的利器。在戰爭期間甚至和平時期，各國的情報人員都會利用光影的手段，為國家的利益拍攝不同的

2　有關明信片的簡要歷史和對香港歷史研究的意義，見三聯書店（香港）有限公司出版部：〈明信片是進出空間與時間的媒介〉，載張順光、陳照明：《明信片中的日佔香港影像》（香港：三聯書店〔香港〕有限公司，2021），頁7-15。

目標。港英政府雖然讓香港以自由港的姿態吸引外資，也在新聞資訊上盡量開放，但仍得在戰爭的陰影籠罩時，對攝影的自由加以限制。例如在內地已爆發抗日戰爭的 1938 年，當時由陳公哲（1890-1961）編寫的《香港指南》便有「照相機」一條，提示來港旅客不能隨意拍攝：「凡輪船入口，或乘坐飛機時，須將攝影機放在行李之內，不宜照相，倘陸行遊覽，登高至山頂時，亦不宜攜帶照相機，因多處皆有牌示禁止照相，免觸此例為宜。」[3] 因此，將拍攝禁令的存在因素一併考慮，便可知為何個別時代如山頂等特定地區的民間影像資料會空白一片。

3　陳公哲：《香港指南》（香港：商務印書館，1938 年原版，2014 年重印），頁 52。

香港島的分區問題

　　本書其中一個重要工作是以港島的分區為框架，據此整理分析分屬各地知見的歷史照片。可是將地理空間劃分為不同的區域有許多方式，前人有按警政制度或自然地標處理的經驗。最普及的方式是將港島開埠初期的「四環九約」框架，用在劃分稱為「維多利亞城」（於 1843 年命名）的港島北西邊至中部區域。「四環」中的上、中、下三環的地方，是港英政府在 1841 年 6 月首次拍賣的地區。隨後中西資本的貨倉、商行和各類中西式住宅便在這「三環」地區湧現：中環是政府與私人企業的辦公室，海旁及太平山半山與山頂以歐式建築為主；上環是華人主要聚居地，多數是兩層高「唐樓」，每間屋內擠住著多戶人家；而灣仔春園一帶是濱海的高尚住宅區，醫院山山腳及灣仔道則倉庫林立，這區域就是下環。

　　踏入 1850 年代，因應太平天國引起的動盪局勢，大量內地士民南下令香港島人口快速增加。港府便開發西營盤及灣仔，更於黃泥涌村及上環一帶進行填海工程。這個新區在港督寶靈（Sir John Bowring, 1854-59 在任）任內進行，故這帶被稱作「寶靈城」。此後，在堅尼地總督（Sir Arthur Edward Kennedy, 1872-77 在任）任內，華人人口繼續劇增，港府便於石塘咀以西進行填海，這個「堅尼地城」成為一個新的華人居住區，而這裡就是在原來三環之上，新增的「西環」了。在概念較模糊的大區域「環」之下，港府也將維多利亞城分作稱為「約」（District）的行政區。[1] 不過約是一個持續變化的概念，而從 1857 至 1942 年之間，約的數目從七個到十個（一說有十一約）不等，主要的空間概念如下：[2]

1　饒玖才：《香港的地名與地方歷史（上冊）——港島與九龍》（香港：天地圖書有限公司，2015 年第四版），頁 21-24。
2　對「四環九約」的詳盡解說，見何清顯編：《四環九約：博物館藏歷史圖片精選》（香港：香港市政局，1999 年修訂二版），頁 6-8。

九約	空間概念
第一約	堅尼地城至石塘咀
第二約	石塘咀至西營盤
第三約	西營盤
第四約	干諾道西東半段
第五約	上環街市至中環街市
第六約	中環街市至軍器廠街
第七約	軍器廠街至灣仔道
第八約	灣仔道至鵝頸橋
第九約	鵝頸橋至銅鑼灣

　　這種「四環九約」的方法，最適合處理十九世紀中至二十世紀初的港島歷史，但卻有兩大問題：首先是劃界區域照顧不到港島東部及南部；其次就是要處理 1930 年代以後的歷史照片時，這種分區方式已因香港政區改劃及港島社會經濟急速發展而失去意義了。更重要的是，這些分區名稱與位置，其實已融入日後港島北部的政區及規劃分區的框架之中了。

　　不過，港島百多年的發展確實是滄海桑田，而且歷史上行政區劃的標準也在不斷變化，甚至於同時段港府會因應不同的目的，採用多種分區劃界的方法。此外，分區的大小也是我們能否在分析中發現新資訊的必要考慮，例如將整個「灣仔」的概念定為單一區域，就難以更微觀分析山邊、大街與海濱之間，每個小小的「街坊」聚落的特有情況。反過來說，一旦分區太細，例如以每幢建築物為單位，卻又返回「點」與「線」的舊方法，難免過於「碎片化」而無法從社區角度作空間的分析；而且我們

也沒可能為每一個點找到相應的歷史照片；據有限的照片所論述的港島歷史，只能顧及照片中直接拍到的地方，而其他未見之處便得任由它們在論述留白了。所以，如何拿捏分區的大小並採取哪個時段的何種標準去劃分，是首先必須要解決的問題。

在四環九約外，過去不少香港史的研究及歷史照片集，會採用香港島、九龍半島及新界這樣的分區模式，來劃分討論的資料並作空間分析。較為仔細的處理手法，是以立法會甚至區議會的地方選區框架處理地方的資訊。因為以地方為中心的代議牽涉當區人士的共同利益，例如交通、房屋、教育和醫療等需要，用有關區域概念來分析歷史問題及時空資訊亦甚有意義。也有一些討論地方歷史的作品，以道路或鐵路車站來劃分區塊。不過，當區居民與香港政府是否也以一個港鐵站名，或一個如「灣仔」般大小的區域，來作自我認同或考慮生活所需與發展前景呢？又或以一個將香港分為 18 個區議會區份後，再細分為 452 個小區塊（至 2023 年 6 月）的區議會選區，來了解自身所處的「社區」呢？更大的問題，是將如灣仔一般大小的區域，劃分為 13 個細小選區後，各區塊所分得的照片史料與地方資訊，會否變得太缺乏而且太零散呢？

原來除因應代議政治的區塊劃分外，香港政府也有以城市規劃為本，由城市規劃委員會（簡稱城規會）將全港陸地劃為「區域」（Area）、「地區」（District）和「有邊界的分區」（Sub-district with District Boundaries）三層的分區，再於其下劃分為總數達 282 個（2016 年後更新為 291 個）小規劃統計區及街段／村落統計區。這個「小規劃統計區」的劃分方法，於 2001 年的人口普查開始採用，以供政府規劃署進行城市規劃等相關活動。[3] 例如「銅鑼灣」是一個有邊界的分區，是在「灣仔」這個地區

3　有關規劃署的「小規劃統計區」最新的情況及歷史，見「香港特區政府 2016 中期人口統計」網站（https://www.bycensus2016.gov.hk/tc/bc-dp-tpu.html），2024 年 4 月查訪。

之下六個分區之一，而「灣仔」又隸屬於「港島」這個區域。在這個城市規劃的框架之下，港島區域分為中西區、灣仔、東區，以及南區四個地區，其下共有 32 個分區，詳情如下：

區域	地區	有邊界的分區
港島	中西區	堅尼地城、石塘咀、西營盤、上環、中環、金鐘、半山區、山頂
	灣仔	灣仔、銅鑼灣、跑馬地、大坑、掃桿埔、渣甸山
	東區	天后、寶馬山、北角、鰂魚涌、西灣河、筲箕灣、柴灣、小西灣
	南區	薄扶林、香港仔、鴨脷洲、黃竹坑、壽臣山、淺水灣、舂磡角、赤柱、大潭、石澳

用這些規劃用途的區塊處理歷史議題，具有強烈的繼往開來之效，將歷史資料投入思考未來的計劃之中。而且將香港島這個 78.65 平方公里的島嶼分成平均二至三平方公里的 32 個分區，也容易收納各區的歷史照片及作綜合分析。故此，本書以後對港島歷史照片的分區處理，便按城市規劃統計區劃的法定分區方法，來逐一進行分析討論。以下對港島照片的分區展示和解說，盡量梳理畫面中的時、地、人、事，以及攝影的技術因素，更在綜合各種線索後為照片的拍攝時間下一定論，以便觀察各區不同時代的變遷。

港島各處街區歷史照片的分析

中西區

（1）堅尼地城

　　香港島似乎沒有別的地區，比堅尼地城更可見證滄海桑田的運轉。這個位於香港島極西的著名老區，最初是維多利亞港南岸的新城市，因為較東面的維多利亞城人滿為患，並在航運業轉型下，港英當局為安置來自停業的港島東區貨倉往西部求職的華工，不得不在港島西開拓土地以建設住房。[1] 顧名思義，這片規劃方正的「新填地」，乃於香港第七任總督堅尼地（Sir Arthur Edward Kennedy, 1872-77 在任）時期建成的，在香港最初劃定的四環九約中屬於第一約，俗稱「西環尾」。

　　在十九世紀末展開填海工程之前，堅尼地城原來的土地並不荒涼。圖 1 可見該處原有的山海之間便有華人的村落，而那種金字頂的圍屋建築和行人的尖頂草帽，是客家文化的標記，而此區以東的石塘咀，就是來自惠州的客家石匠採集花崗岩的礦場了。路旁曬乾的草料是竹葉，可作中式木構建築房頂的材料，也是鄰近的維多利亞城居民生火的燃料，似是堅尼地城原來居民的經濟命脈。照片中未見明信片特有的文字介紹與增色，大概是沒有商業考慮的私人拍攝照片。自 1851 年英國人發明濕板攝影後，日照下的曝光時間可以短至數秒，因此攝影師可以帶著三腳架到戶外拍攝。1870年代照相技術有較大的發展，是由濕板過渡至玻璃乾板（Creatine Photographic Plate），從此攝影師更可攜帶預製的乾板底片匣四處拍照，不用帶著笨重的暗房和沖洗底片設備。

1　何清顯編：《四環九約：博物館藏歷史圖片精選》，頁 62。

圖1｜十九世紀堅尼地城出現前的土地上，居民的生活帶出有別於當地發展後的純樸感。

圖2｜約 1905 年經填海開發初期的堅尼地城，圖像位置應在加多近街朝東望向吉席街的交界處。

　　不過，這時代的設備仍不足以捕捉活動中的行人身影。從圖中右下角路人的手腳略現浮影可知，此照片的曝光時間大概在 1/8 至 1/15 秒之間，即代表攝影設備已進入 1889 年賽璐珞膠卷底片時代。這種底片一卷可拍六至八張照片，感光度提升到在晴天下曝光時間也快至 1/30 秒，可勉強手持拍攝，不過如果行人動作太快，仍會產生浮影問題。

　　港英政府於 1901 年通過建設以電力推動的軌道大眾運輸系統，而路軌鋪設工程在 1903 年開始，從堅尼地城貫通至港島東區的筲箕灣。在四環九約的範圍內，電車原來的走線在維多利亞港海旁。換句話說，從今日電車車軌的位置，大約可見二十世紀初香港島的海岸線所在。圖 2 展示了作為電車終點的堅尼地城在電車建成初期的情況。從軌道的大幅轉彎可知，這是讓西行電車開回東行方向的環形迴車軌道。根據現在軌道及背景山勢推斷，拍照位置應在加多近街朝東望向吉席街的交界處。圖中行人提著擔挑，似是服務海港的苦力；左側的西式圍牆是 1894 年啟用的屠房，[2] 右側的木構樓房外有空地處堆放木材，而遠處有簡約的大型多層騎樓民居，顯示這個商住並用的區域正在大興土木的情況。

　　由於是華人集中居住的新發展區，港府便可在此處設立一些原來不便建在人口稠密之處的社區設施，包括圖 3 所示的「一別亭」。這處是東華醫院設立的其中一個「辭靈亭」，供華人舉行喪禮，靈柩在喪事後即可移送前面的海濱，透過船隻運返珠三角的家鄉入土為安了。明信片的英文介紹是「涼亭」（Pergola），似乎未盡解釋箇中功能吧。

2　何清顯編：《四環九約：博物館藏歷史圖片精選》，頁 70。

圖 3 | 堅尼地城一別亭，位於加多近街及域多利道交界處（即今東華百年大樓），以供公眾為親友舉行喪禮。

圖4｜1950 至 70 年代西環鐘聲慈善社游泳場泳棚內部。圖中正進行端午龍舟競賽。

　　堅尼地城位處港島西北的海岸線，聚居此處的居民與海為鄰，可輕鬆地進行游泳等海上活動。踏入二十世紀，中國人開始視游泳為強身健體與國家富強的手段，游泳漸漸成為潮流，香港更走在風氣之先，中華遊樂會率先在 1911 年於北角海邊設置泳棚，至 1950 年代港九新界較著名的為堅尼地城旁邊的鐘聲泳棚，[3] 圖 4 與圖 5 從相反角度展示了全名為「鐘聲慈善社游泳場」的泳棚情況，而彩色的照片中呈現泳棚是端

3　1930 年代香港泳棚仍以北角七姊妹泳灘為重，但西區的鐘聲游泳棚已佔一席位，見陳公哲：《香港指南》，
　　頁 97-98。

圖 5 | 來到鐘聲泳棚門口，牌上有廣告字眼，現址為堅尼地城巴士總站。

午龍舟競賽等水上活動舉行的重要場地；泳棚背後的建築為今日的香港拜仁里恆信託協會，[4] 由是可知泳棚原址跟今日較西邊的位置稍有差距，乃是處於 1972 年才建成的域多利亞公眾殮房所處的海旁，故此拍攝時間應在 1950 年代後期至 70 年代初之間。在這個海濱之處，連海浴都見證了滄桑。[5]

4　Wordie, Jason. *Streets: Exploring Hong Kong Island* (Hong Kong: Hong Kong University Press, 2002), p. 257.

5　See Wordie, Jason. *Streets: Exploring Hong Kong Island*, pp. 255-256.

(2) 石塘咀與西營盤

　　石塘咀在開拓之初，曾是聲名狼藉的煙花之地，不少客居或路經香港的文人，都為此處的花街柳巷留下過香豔的詩句。這個夾在堅尼地城以東和西營盤以西的街區，從名稱透視了跟採石業的因緣。相對於現今坡度較大的形勢，此處原來的地貌是一直延伸至海濱的石山。因為此地的花崗岩質素優良，鴉片戰爭以前便已吸引到不少客家石匠，來此區域鑿石與聚居。據稱此石礦枯竭後剩下的只有石塘，向海的位置似鳥咀尖而窄，故而得到「石塘咀」之名。[6]

　　英軍佔據港島之初，便在此處的水坑口登陸，更因居高臨下的形勢建立了「西角軍營」（West Point Barrack），華人稱之為「西營盤」。軍營後來搬遷了，留下了「西角」之名。時至今日「西角」逐漸被遺忘，連原來英文「West Point」的譯名，也變成了「西環」。不過，現代的西環指涉範圍就廣泛得多了，總攬了堅尼地城、石塘咀和西營盤三處，是十九世紀時港島華人集中居住的區域。

　　港島開埠之初除少數原居島上的本地及客家居民外，來到新建港口謀生的華人，多是隻身闖蕩的男兒漢，女性的人口相對稀薄，娼妓事業便應運而生。1904 年港督彌敦（Sir Matthew Nathan, 1904-07 在任）抵港，利用上環水坑口街妓寨燒燬的契機，強制所有妓寨遷至石塘咀，以風月事業開發新區。在二十世紀初，石塘咀有妓院數百家，妓女近二千人，酒樓也有四十家，靠「塘西風月」為生的接近五萬人，是維多利亞城以外港島另一繁華的區份。

　　圖 6 是一張有解說的明信片，「Praya」源自葡萄牙文「praia」，意即海旁。香港開埠之初願意東來拓展的英國人不多，但居於鄰近澳門的土生葡人和歐亞混血兒，卻很願意來此地碰碰運氣。港英政府及香港商界於是吸納了不少葡人精英，而葡語的廣泛應用也是此時代的明顯特徵。從圖中華人男子普遍蓄辮可知，攝影時間應在 1904 至 12 年之間，因為清廷尚未倒台。街中婦女將燃燒用的木材放在地上擺賣，觀望海

6　　石塘咀歷史典故詳情，見饒玖才：《香港的地名與地方歷史（上冊）——港島與九龍》，頁 57-58。

Lot of Chinese at the Praya West Point looking at the Harbour. Hongkong

圖 6 |

攝於 1904 至 12 年間的西環，右方
為著名鴉片商號長發棧。

圖 7 |

後來 1920 年代的西環，今為西港城
一帶的西區街市，市況人山人海。

圖 8 |

再到 1920 至 30 年代的西環，左起
有「倚紅」、金陵酒家、聯陞酒家和
廣州酒家，此處為「塘西風月」區。

港的男子衣著簡樸，很可能是服務港口的苦力。眾人背後的長發棧是著名的鴉片商號，當時香港的重要產業，曾是轉口優質的印度鴉片至美國西岸，供當地淘金華工消費。此外，自 1890 年代以降，美國柯達公司出產廉價袖珍方盒型相機，進一步普及攝影文化。不過此圖是商業為本供售賣的明信片，為確保照片解像質素，應沿用大底片菲林、小光圈鏡頭，以及腳架拍攝。從圖右入鏡男子的浮影可知，快門似乎不快於 1/8 秒。

　　圖 7 展示的是今日西港城一帶的西區街市，其中的小販與顧客幾乎是清一色的婦女，香港當時已不是男人的世界了。至於圖右席地而坐的年長男士已經剪辮，應是 1910 年代或以後的街區紀錄。圖左「恆珍醬園」的歷史暫未可考，但不少現存的港九「珍」字醬園品牌，在約一百年前已出現在加入了九龍與新界的香港，因此該照片極有可能攝於 1920 年代。

　　圖 8 中央的聯陞酒家開業於 1904 年左右，是石塘咀花街的著名地標。港府於 1935 年隨英國立例禁娼，塘西風月因而衰落，此後不久聯陞酒家改為文園酒家，後更被拆卸改建，易名為遇安台。至於照片的年代，則可從圖右的巴士站牌得到線索。港島北岸最早的巴士服務，要到 1920 年代才由香港大酒店公司和香港電車公司創建的。另一方面，戰前港島的人力車在 1930 年代逐漸消失，因為圖中仍有這種源自日本的老式交通工具，可推知此圖大概攝於 1920 至 30 年代初之間。

　　西環的位置偏遠，除了電車外，與上環及中環等維多利亞城區域的陸路連繫，就是靠皇后大道西。圖 9 記錄清末時的皇后大道西，是一張擺拍味道極濃的明信片，因為圖中包含了代表東方的多種元素：人力車、蓄辮的男子、當舖、尖頂帽……種種構成了繁囂的華人市纏生活。從此處向東一直走，便到達橫貫港島核心區域的皇后大道中了。圖 10 是 1930 年代皇后大道西的照片，位於麗華珠寶附近。扁擔在當時仍然是華人重要的運輸工具，但馬路上不見汽車蹤影，可能是明信片畫面為擺拍的緣故，但也可能反映當時經濟不太理想。

Hongkong　圖91　攝於清代末期的皇后大道西。　Queen's Road West

圖 10 ｜ 攝於 1930 年代的皇后大道西，市況乍看冷清。

(3) 上環

　　上環是英人初建的維多利亞城中，專供華人聚居的區域，東起鴨巴甸街、永吉街，西至威利麻街，原來的海邊就是皇后大道中。[7] 圖 11 就是二十世紀初鴨巴甸街的情況，街道分隔上環與中環，圖中表現了右側的中環建築較左側的上環整齊。為了盡用土地，上環的建築從半山開始發展，港府除了從山上一直連接海濱的道路外，也會依山而建與海岸線平行的半山道路，圖 12 的堅道建於 1840 年代，便表現了橫路配

7　　參何清顯編：《四環九約：博物館藏歷史圖片精選》，頁 46。

圖 11 |
攝於二十世紀初的鴨巴甸街，前方為皇后大道中，也是通往堅道的主要幹道。

圖 12 |
攝於 1910 至 20 年代的堅道，可見其橫路配合樓梯的交通情況。

合樓梯的交通情況。當中的男士已無蓄辮，大概是 1910 年代末至 20 年代初的模樣。圖 13 所拍攝的則是區內樓梯街（Ladder Street）的情況，從照片解像清晰度可猜是以大底片腳架拍攝的，應是二十世紀初的作品。此條以樓梯為主的斜街，就是連接堅道、荷李活道及原來海旁的皇后大道中的路徑，其中重要地標包括文武廟及 1918 年啟用的必列者士街青年會會所。[8]

圖 13 │ 攝於二十世紀初的樓梯街。此條以樓梯為主的斜街，就是連接堅道、荷李活道及原來海旁的皇后大道中的路徑。

8   有關青年會的歷史，見魯金：《香港西區街道故事》（香港：三聯書店［香港］有限公司，2021），頁 95-97。See Wordie, Jason. *Streets: Exploring Hong Kong Island*, pp. 289, 291.

　　在 1847 至 62 年間陸續落成的文武廟，主要供奉文昌及關帝，是開埠以來香港華商重要的宗教及議事仲裁的場所。[9] 圖 14 是一張擺拍的上色明信片，那些抬轎及以擔挑搬運的苦力，大有可能是攝影師刻意安排的，但也反映了二十世紀初華人的交通情況。右側半山的房屋，應是 1894 年鼠疫後，港英政府強行改進的太平山街華人居處，再往上走就是樓梯街了。[10] 圖 15 是從文武廟往東一直連接中環半山的荷李活道，拍攝時間已進入民國時期，因為圖中的華人男士皆無蓄辮。此處原來有不少書店，至今仍是查訪舊書與古董的舊文化中心。[11]

Hongkong. Chinese Temple, Hollywood Road.

圖 14 | 攝於約二十世紀初的文武廟，圖右樓梯街旁有女子學校，其後東華三院在附近大興義學校舍。

9　Wordie, Jason. *Streets: Exploring Hong Kong Island*, pp. 43-44.
10　何清顯編：《四環九約：博物館藏歷史圖片精選》，頁 55。
11　廖陳公哲：《香港指南》，頁 70。

圖 15｜攝於民國初年的荷李活道，日後此處成為舊書與古董的集散地。

　　1850 年代太平天國之亂爆發，不少清朝的官宦商人逃難來到英佔的港島，而他們所居的上環三角碼頭一帶，便成為了廣東東、北、西三江商人網絡的一重要部分，使香港的國際航海與廣東的內河運輸成為一體，發展成開埠初期香港經濟命脈的南北行貿易。因此，上環不只是華人的居住中心，也是廣東內河運輸的樞紐，在貨暢其流之餘，亦是運送乘客往還鄰近區域的客運碼頭。

　　開埠以來珠江三角洲一直是香港經濟發展的腹地，而且在清末以來與內地的往來十分自由，香港人往訪廣州、澳門與區內港口城市極為頻繁，甚至同時在各地有住居和生意。除了港穗直通火車外，客輪服務對港島連繫內地也有極重要的角色。圖 16 中的船隻，應是於 1887 至 1933 年間，連接香港與廣州的多層內河客輪佛山輪及其姊姊船隻。這些由「省港輪船公司」（Hong Kong and Canton Steamers）營運的河輪，可載運超過一千名乘客去經歷這段夜航一晚的航程。

　　圖 17 則展示戰前上環省港輪船公司客運碼頭的情況，從告示的航線訊息可知除廣州外，河輪也開往台山、佛山、龍山（新興）等地。而輪船公司強調是「英屬航線」，應是因為 1908 年這些航班上發生一起命案，雖然事發在清廷控制的海域，但港英政府以海事法律原則，堅持將在英國輪船發生的爭訟交由英國司法系統處理。換句話說，英屬航線應是告訴乘客在登岸前，他們是受到英國法律的保障；這或是針對華資的輪船公司採取的競爭手段。

圖 16 |

圖中輪船出自省港輪船公司，載客量可多達千人。

圖 17 |

攝於戰前上環的省港輪船公司客運碼頭，門外駐有多輛汽車和人力車，可見當時交通已有一定可達度。

　　英女皇伊利莎伯二世（Elizabeth Alexandra Mary, 1926-2022）於 1953 年 6 月加冕，而圖 18 便展示了港府為隆重其事而於上環海濱臨時搭建的牌樓。戰後香港大概已恢復了市面的繁榮，但因朝鮮戰爭後西方世界對中國內地實施禁運，以內河運輸為本的上環碼頭已不復戰前的盛況了。

圖 18 |

攝於上環海濱的牌樓，為慶祝英女皇伊莉莎伯二世加冕而臨時搭建。

　　內地在 1950 年封鎖海岸，對省港之間的航運造成致命打擊。可是香港仍能與葡萄牙控制下的澳門往還，於是省港澳的航線變成以港澳為本。圖 19 所示的不再是原來海濱的省港碼頭舊址，而是經港府進行上環填海工程，在 1961 年搬遷到新填海後的新址。當時名稱不是現今所用的「港澳客運碼頭」，而是「港澳輪碼頭」。

圖19｜攝於上環港澳輪碼頭，碼頭前身為省港碼頭，該址為填海地區。

(4) 中環

　　中環從來都是香港歷史的重點，有關此區已出版的歷史照片更是汗牛充棟。除了港英政府的民政與軍政機關，以及金融商業機構的總部外，中環更是本地的交通樞紐，尤其在 1972 年紅磡海底隧道通車以前，更是連繫九龍及主要離島的渡輪中心。在英國佔領九龍半島以前，連接維多利亞港兩岸的渡輪並不必要，但到了香港控有新界，將港島與內地連接起來即具相當的重要性了。天星小輪公司便在 1898 年成立，第一代的中環天星碼頭建於干諾道中與雪廠街交界。圖 20 展示的是 1912 年落成的第二代中環天星碼頭。雖然建築大有改良，但其實是在第一代碼頭原址建成。圖 21 是從海上方向回望碼頭的景觀。在碼頭初建時標示的小輪目的地，竟不是「九龍」或「尖沙咀」，而是在 1910 年通車的「九廣鐵路」（Kowloon-Canton Railway），足見開通內地與九龍的交通路線，對香港小輪發展的關鍵意義。[12]

12　有關原來位於雪廠街的海上交通樞紐，以及碼頭附近電報業務情況，見魯金：《香港中區街道故事》（香港：三聯書店［香港］有限公司，2023），頁 150-158。

圖20｜第二代中環天星碼頭，上面標示「九廣鐵路」，即乘客乘小輪前往九龍後，可在尖沙咀火車站轉乘火車。

圖21｜再從第二代中環天星碼頭拉遠鏡頭，可見到附近有不少人力車隨時候命。

　　除天星小輪外，中環也是維港及附近離島其他小輪的終點站。圖 22 就是在 1933 年於中環海旁填海擴建而成的統一碼頭（Vehicular Ferry）。因明信片加工塗上黃色的碼頭中間的「EIIR」皇冠標誌，指的是拉丁文「Elizabeth II Regina」，亦即是英女皇伊利莎伯二世，圖片似乎是攝於她剛登基的 1952 年或此後不久的時間。

　　中環海濱集中了定期來往香港各處的渡輪碼頭，而不定期的遊艇與接送維多利亞港內停泊郵輪的駁艇，也在此處上落。這些小輪碼頭中較早建成的，是圖 23 展示在 1900 年於干諾道中落成的卜公碼頭，此命名的原因是碼頭的開幕禮由第十二任港督卜力（Sir Henry Arthur Blake, 1898-1903 在任）主持，故此便以港督的姓氏命名

圖 22｜中環統一碼頭，於 1933 年填海擴建而成。鐘樓後的碼頭入口上，有著引人注目的皇冠標誌。

圖 23｜1900 年落成的卜公碼頭，後來改建成怡和大廈。圖中「海底電線·CABLES」字樣，即指海底電纜位於對開的海底。

（Blake Pier）。碼頭後的「海底電線‧CABLES」大樓，應是大東電報局的辦公室。圖 24 則是從海岸角度觀看碼頭的情況。港府原來於 1903 年為碼頭加建了草棚，隨後於 1909 年從英國引進新創的鋼製篷頂。整個鋼結構工程的設計、生產和裝置均在英國完成，才運往香港。卜公碼頭在落成至 1925 年間是香港總督及其他官員往返港島的碼頭，並用作歡迎或送別儀式，直到 1925 年被新落成的皇后碼頭取代。第一代的卜公碼頭在 1965 年拆卸，但具建築史價值的鋼製篷頂被保存下來，先移到九龍摩士公園，在 2006 年再次轉移至於赤柱重置的美利樓旁。

圖 24｜從海岸角度觀看卜公碼頭的情況。

圖 25｜皇后碼頭的舞龍景象，吸引眾人駐足圍觀。

　　圖 25 是在 1925 年落成，而終於 2007 年因填海拆卸的皇后碼頭。[13] 這命名是因碼頭處於原來皇后行及皇后像廣場前。彩色照片中皇后碼頭的舞龍景象，是 1970 年代香港歡度節慶的常見活動。

　　如果香港島的中心是中環，那麼中環的中心則非皇后大道中莫屬了。開埠之初，英國統治者即在中環及上環原來的海旁，修築這條維多利亞城最早的馬路，並於 1842 年 2 月通車。1865 年滙豐銀行在香港開業，原來的總行建於皇后大道中 1 號，而於 1869 年落成的首座大會堂，也是位於這條幹線的。不過，隨著歷代的填海工程展開，中環的政商機構逐步遷往半山及新填土地，華人則在十九世紀末開始漸漸進駐皇后大道中，使這裡成為服務中上環居民的零售及服務業中心。此次選入的皇后大道中明信片，大多反映二戰後的街道情況。圖 26 展示連卡佛大廈附近以中華百貨為首的百貨業盛況。圖 27 的上色明信片，則是從反方向對著上環太平山的街頭，此中重要地標是兩張相片中央的《週末報》招牌。這份中國首份於週末刊行的週報，初刊於 1949 年，由胡希明（1907-93）主編，編委人員則有夏衍（1900-95）、邵荃麟（1906-71）、聶紺弩（1903-86）和馮英子（1915-2009）等人。該報主要銷售中國內地市場，在長江三角洲很有影響力，不過收費便以人民幣為主。大概因為朝鮮戰爭對華制裁，且當時人民幣無法兌換港幣，致使《週末報》虧損甚大。1952 年 3 月

13　皇后碼頭落成時的盛況，見鄭寶鴻：《港島街道百年》，頁 62。

該報部分人員從香港遷移廣州復印,至 1953 年 3 月終於停刊了。因此,以上兩張照片的拍攝時間,應該不晚於 1950 年代初期。

圖 26 |

連卡佛大廈附近以中華百貨為首的百貨業盛況。圖左有香港三聯書店初期的聯合發行所。

圖 27 |

從反方向望著上環太平山的街頭,此中重要地標是上下兩張相片中央的《週末報》招牌。

　　圖 28 這張上色明信片拍攝到皇后大道中，多有穿著長衫婀娜多姿的婦女。她們是自 1950 年代開始，因香港工商業快速發展，而到中心商業區上班的「中環儷人」。圖 29 是 1970 年代彩色底片普及下拍攝的照片，雖然圖中婦女衣著充滿農村色彩，但人力車上的女乘客卻西裝燙髮，顯示了香港居民的城鄉與階層差距。

圖 28｜攝於約 1960 年代的皇后大道中，由中環戲院里望向德忌笠街及娛樂戲院一帶，相片由人手上色，另有一番風味。

圖 28 | 圖右婦女衣著充滿農村色彩，與人力車上西裝燙髮的女乘客形成強烈對比，顯示了香港居民當時已有明顯的城鄉與階層差距。

圖 31｜新一代中環街市南門的情況，當時建築
採用包浩斯風格，窗戶以橫向線條形成長條
「窗牆」。

圖 30｜在原址重建的第二代中環街市，攝於皇后大道中，向
西望。

　　雖然貴為商業中心，但皇后大道中也是附近居民購置日常生活所需的市場，除
了沿街的百貨店舖外，果菜肉食的買賣，便在政府特意興建的中環街市內進行。早在
1842 年，港英政府便在皇后大道中設置圍場包圍，以售賣物品分區的「第一政府街
市」。圖 30 是落成於 1895 年的第二代中環街市，當中店舖和檔位都經精心規劃，以

圖 32 ｜ 約 1970 年代的中環街市（圖右）外在情況，圖左為閣麟街。

便分類售賣及保持場地清潔。[14] 在 1930 年代後期，原中環街市部分位置因結構問題而倒塌，政府有見情況嚴重，在參考了當時上海的現代街市建築後，便決定將中環街市拆卸重建。圖 31 是 1939 年落成的新一代街市南門的情況，當年有報道指這建築或是香港和中國內地史上最大的街市。[15] 圖 32 的彩色圖像，展現同一位置在 1970 年代的情況，街市周圍的建築便是越來越高了。

14　參徐頌雯：《香港街市：日常建築裡的城市脈絡（1842-1981）》（香港：香港中文大學出版社，2022），頁 62-72。
15　徐頌雯：《香港街市：日常建築裡的城市脈絡（1842-1981）》，頁 160-178。

　　因為中環依山而建，海濱土地不多，在維多利亞城發展時最方便獲取土地的方式，就是移山填海，因此中環的海岸線代代前移。圖 33 這張明信片投寄的時間在 1905 年 7 月，拍攝的是於 1904 年在新填土地上剛建成不久的聖喬治行，門前的街道是干諾道中，左邊的大樓是皇后行，這裡的現址是文華東方酒店。1900 年香港中華總商會成立，其會址則是圖 34 位於干諾道中的中總大廈。中華總商會在中環的建立，代表華商勢力漸漸成為香港經貿的主要力量。此外，作為航運及經貿中心，香港也扮演資訊中心的角色。除了歷代的中文報章外，在二十世紀初以香港為根基的主要

圖 33｜攝於 1904 年的聖喬治行，位於干諾道中；圖左的大樓是皇后行，至 1960 年代拆卸，改建為文華東方酒店。

圖 34｜攝於干諾道中的中總大廈，中華總商會正在其中。

大眾媒體，是 1903 年由克寧漢（Alfred Cunningham）與謝纘泰（1872-1938）創立的《南華早報》（*South China Morning Post*）。圖 35 是這份報紙剛成立不久時，位於干諾道中的辦公室。

除了英籍、歐亞及猶太商人外，華商也逐漸打破種族限制，逐步染指中環的經貿活動。在二十世紀初香港華人的零售業有長足發展，著名的先施、永安、新新及大新等由香山人創立的「四大公司」，便相繼在中上環交界開業。圖 36 所攝的是馬應彪（1864-1944）在 1900 年於干諾道開業的先施公司，除中文商標之外，建築也

圖 35｜位於干諾道中 22-23 號德忌利士街交界辦公大樓的《南華早報》辦公室。

圖 36｜位於干諾道的先施公司，由澳門華僑創辦、以出售洋貨為主的百貨公司，其提倡「不二價」而負盛名。

圖 37 | 位於德輔道中的永安公司，該街道深受多家商行、公司歡迎，紛紛來建立大本營，其中永安公司可算一枝獨秀。

圖 38 | 剛填海後的德輔道中，中間的法國航運公司「Compagnie de Navigation Tonkinoise」，主要經營香港至開平的輪船。這條後來成為電車走道的重要街道。

採用近粵西的中式騎樓建築。圖 37 是澳洲華僑郭氏兄弟在 1907 年於中環德輔道中開業的永安公司，其業務口號是「統辦環球貨品」。圖 38 所攝的則是德輔道中剛剛填海後的情況，置用中間建築物的是法國航運公司「Compagnie de Navigation Tonkinoise」，主要經營香港至開平的輪船。這條後來成為電車走道的重要街道，是第十任香港總督德輔（Sir George William Des Vœux, 1887-91 在任）所倡導的海旁填海計劃產物。這次填海工程在 1890 至 1904 年間進行，此後交通方便的德輔道中越見繁榮。[16] 圖 39 上色明信片展示的，是 1950 年代中環德輔道中的情況，街中除電車外也有二戰後中華巴士公司引入的英製單層巴士。街中招牌有於 1946 年正式定名

圖39｜1950 年代中環德輔道中，當時俗稱「電車路」，食肆與旅館林立，其中有日店味之素，人形招牌相當醒目。

16　何清顯編：《四環九約：博物館藏歷史圖片精選》，頁 12。

圖 40｜約 1960 年代中環街市南門處的景觀。

為「味之素」的日本味精品牌，反映當時兩地之間的交流與貿易已經恢復，不再受日
佔及二戰時敵對的影響，日本貨品與資金對此後香港經濟的影響日漸重要。圖 40 是
較早期的彩色照片，從街景、男性途人的西服衣著及電車的式樣等，略可指向 1960
年代德輔道中從中環進入上環的中環街市南門處的景觀。圖 41 是時代略後的彩色
照片，大概攝於 1970 年代中後期，因為人力車在此後漸在中環中心街道消失，而圖
右瑞士鐘錶品牌鐵達時（Solvil et Titus S. A.），更是在此時候進軍亞洲市場，且於
1976 年為香港商人收購，故有如此顯著的廣告。

圖 41｜攝於 1970 年代中後期中環街市旁的德輔道中，最左方為舊消防局大廈（今為恒生銀行總行），圖中可見著名店家如鐵達時和敘香園的廣告和招牌。

圖 42 | 加拿大太平洋鐵路辦事處和日本郵船株式會社辦事處，圖右銅像
應為干諾公爵像，但於日佔時期遭到拆卸。

　　另一方面，二十世紀初的干諾道中也吸引了歐洲以外不少外資進駐。圖 42 展示了 1881 至 85 年間興建的加拿大太平洋鐵路（Canadian Pacific）辦事處，因為香港是不少跑到美洲洛磯山脈修建鐵路華工的招募點；旁邊則是 1893 年成立的日本郵船株式會社（Nippon Yusen Kaisha）的辦事處，香港當時在世界交通網絡中的地位，在此街景中可見一斑。

在 1850 年代已建成的砵甸乍街，以首任港督命名，是港島其中一條歷史最悠久的街道。這條連接半山荷李活道和海旁干諾道中的道路，原來不是設計給車輛使用的，主要對象其實是行人。當中可分為陡直的石塊路段和於填海區的平地道路，是中上環華人重要的生活中心。圖 43 展現了 1903 年填海以後，從干諾道中回望砵甸乍街的平地景觀。圖中海旁建築有「日本清風樓旅館」，反映香港吸引了不少日本旅客。圖 44 則是在士丹利街仰望上接荷李活道的石板街（Stone Slabs Street）路段。這段砵甸乍街以一塊石凹下一塊凸起的道路設計，方便行人上落且排走雨水。此街區原為十九世紀末中環內華人與洋人分野之處，圖中繁榮的攤檔反映華人的零售習慣，尤其衣飾多在街檔中買賣。圖 45 是在同一角度時代較後的留影，兩圖

Hongkong.　Pottinger Street and Praya.

圖 43｜自 1903 年填海以後，從干諾道中回望砵甸乍街的平地景觀，圖中海旁建築有「日本清風樓旅館」，反映香港吸引了不少日本旅客。

圖 44｜士丹利街仰望上接荷李活道的石板街路段，上去有鏞記酒家。

中皆見到中環著名酒家鏞記的招牌，而這間在 1942 年創辦於上環永樂街的酒樓，至 1944 年便搬到石板街 32 號。到了 1964 年再遷到現在的威靈頓街舖位。因此，以上 兩張照片應攝於鏞記在石板街的二十年之間。

圖 45｜時代較後的石板街留影，店舖較早期琳瑯滿目。斜路盡頭是昔日的中央警 署，即今天的大館。

圖 46 | 約攝於 1920 年的威靈頓街，街道因英籍將軍威靈頓而命名。

沿著石板街南向上坡不久，便到與皇后大道中和士丹利街平行的威靈頓街。英國人對滑鐵盧的勝利真是無比重視，連維多利亞城最早的一批街道，也將帶兵打敗拿破崙（Napoléon Bonaparte, 1769-1821）的威靈頓將軍（Arthur Wellesley, 1769-1852）囊括其中。圖 46 的明信片記錄了這條華人為主的街道上，服務業店舖林立的景況。圖 47 是一張拍攝於 1960 年代的上色照片，這條依山而建的窄巷，無論建築與行業仍未見重大改變。當時港島的汽車仍是歐美牌子為主，在 1970 年代較多見的日本汽車，當時仍未受港人青睞。

圖 47 |

直至 1960 年代的威靈頓街，有依山而建的窄巷，當時港島的汽車仍是以歐美牌子為主。

　　除了政府及商業活動外，為另闢視野，我們介紹中環時也注意外籍及華人居民，於這核心區域進行的不同文娛康樂活動。相較於西環及上環的擠擁，中環可說是花園城市，在銀行及政府機構林立的位置，竟有大幅草地供木球及其他娛樂活動之用。圖 48 是花園道方向見到的香港木球會景色。在電車再往後的右上角白塔，是聖約翰座堂，再往右一些就是滙豐銀行了。木球會原為英軍美利操場的一角，英人為了娛樂運動，在 1851 年闢出軍事用地作公共康樂設施，並建設會所及球場。至 1975 年木球會遷往黃泥涌峽後，舊址便改作現今的遮打花園。

　　另外兩幅相關的照片都是拍攝香港木球會的明信片，但各自以不同的歷史事件為主題。圖 49 是港督卜力於 1901 年向英籍居民宣佈，英皇愛德華七世（Albert Edward, 1841-1910）繼承維多利亞女皇（Alexandrina Victoria, 1819-1901）登基的消息。圖 50 是類似的情況，就是 1910 年慶祝英皇喬治五世（George V, 1865-1936）登基的儀式。兩圖的情況顯示了木球會場地在體育活動外，也是在港英人的政治與社交生活中心。

圖 48 |

由花園道方向所見的香港木球會景色，今為遮打花園。

圖 49 |

1901 年，港督卜力於木球會向英籍居民宣佈英王愛德華七世登基消息的時刻，場面非常熱鬧。

圖 50 |

1910 年，再於木球會慶祝英皇喬治五世登基的儀式，凸顯木球會作為英人政治、社交場所的重要性。

　　除了木球會外，居港的英籍精英也於 1846 年建立了「香港會所」（The Hong Kong Club），以供政府高層、駐軍將領、歐籍富商及律師、醫生等社會賢達，在其中娛樂與交流。[17] 圖 51 及圖 52 展現的是香港會所原來設於皇后大道中及雲咸街交界的原址，不過這已非初建時三層的外貌。[18] 圖中展示的四層建築是 1890 年代加建後的情況。在 1897 年香港會所遷到現今遮打道的位置，原址借給青年會使用，直到 1920 年代才拆卸改建為於 1931 年開業的娛樂戲院。圖 52 右側警崗的交通警察穿著短褲，而短褲配備在 1920 年出現，加上混穿華洋服式的華人駕駛摩托車的情況，這照片應攝於 1920 至 30 年之間。圖 53 就是二戰前的遮打道情況，當中無論汽車或人力車皆停車待客，這街道是中環出租車的起發之處。圖中央遠處的西式石亭中，原來擺放了 1896 年揭幕的維多利亞女皇銅像，這就是「皇后像廣場」得名的緣由。[19] 此石亭在二戰中損壞嚴重，戰爭結束後底座更被拆卸以擴建遮打道。從車輛的情況反映，照片應攝於 1920 至 30 年代初之間。

17　Wordie, Jason. *Streets: Exploring Hong Kong Island*, p. 28.

18　何清顯編：《四環九約：博物館藏歷史圖片精選》，頁 21。

19　參何清顯編：《四環九約：博物館藏歷史圖片精選》，頁 26。另參饒玖才：《香港的地名與地方歷史（上冊）——港島與九龍》，頁 208-210。

圖 51 | 第二代香港會所（圖左）於木球會位置拍攝，設於皇后大道中及雲咸街交界的原址。

圖 52 | 第二代香港會所（位於兩棵樹中間）於紅棉道上拍攝，應攝於 1920 至 30 年之間。

圖 53 |
二戰前遮打道情況，應攝於
1920 至 30 年代初之間。

104 CHATER RD.

　　華人在中環娛樂活動的代表，應是 1920 年代出現的戲院。圖 54 就是上述香港會所原址重建的娛樂戲院，主要的招徠是「冷氣開放」，同一大樓中有舞廳和「京華酒家」。照片中的馬路有於 1886 年創辦的牛奶公司車輛，應是從薄扶林牧場運送牛奶至戲院旁下亞厘畢道的倉庫，即今日藝穗會的位置。[20] 娛樂戲院對面是 1924 年開業的皇后戲院，旁邊的街道更因此名為「戲院里」。圖 55 照片中由李麗華（1924-2017）主演的電影《秋瑾》，以紀念民國成立為招徠，是 1953 年上映的港產電影，而戲院旁有萬成百貨公司等店舖，略為展示當時香港的復甦情況。圖 56 呈現戲院東邊不遠處的雪廠街與皇后大道交界情況，[21] 按旗幟上的資訊，圖中戲班來自皇后戲院，巡遊的目的是宣傳威靈頓街一間新食肆開張優惠，從執勤警察所戴英國熱帶軍盔反映，攝影時間應在 1920 年代後期至 30 年代初之間。

圖 54 |

香港會所原址重建的娛樂戲院，正上映電影《劍俠唐璜》（*Adventures of Don Juan*），據其上映年份，推斷照片攝於 1951 年。

20　See Wordie, Jason. *Streets: Exploring Hong Kong Island*, p. 49.
21　有關雪廠街與牛奶公司冰廠的詳細掌故，參魯金：《香港中區街道故事》，頁 143-150。

圖 55 │ 娛樂戲院正上映李麗華主演的《秋瑾》，可判斷照片攝於 1953 年，旁邊有萬成百貨等店舖。

圖 56 ｜ 攝於 1920 至 30 年代，皇后戲院的戲班經雪廠街與皇后大道交界巡遊。

圖 57 ｜ 香港會所舊址旁賣花檔攤的情況，照片下方稱作「花街」（Flower Street）。

　　娛樂戲院左邊上坡的街道就是 1842 年建成的雲咸街，連接皇后大道中與荷李活道。圖 57 是香港會所舊址旁賣花檔攤的情況，明信片攝影師直接叫這街道作「花街」（Flower Street）。[22] 圖中左邊堆放了木材，顯示周遭正在大興土木。圖 58 則展現同一角度較晚的情況，圖中青年會借用香港會所的會址安排應有轉變，因為已有展現戲院

圖 58 ｜ 後來在香港會所舊址同一位置，不少客人在攤檔駐足，右上的戲院畫布來自電影 *The Shield of Honor*，據其上映時間，可推斷照片攝於約 1920 年代後期。

或刺激娛樂活動的巨大畫布。傳說洋人稱「花街」的是指妓院聚集的地方。中環另一處較著名的高級妓女區域是在砵甸乍街旁的「擺花街」（Lyndhurst Terrace），或許開埠初期維多利亞城中有兩個風月場所的集中地。不過，從這兩張照片中主要擺賣花圈的攤檔可見，這些花朵的贈送對象不一定是妓女，也大有機會是為對亡者致意之用。

　　在雲咸街下山穿過皇后大道中後，便是連接至遮打道的畢打街了。圖 59 是張貼上清朝「大清國郵票」的明信片，由於清廷郵政發行郵票是在 1897 至 1911 年之間，而當中於 1862 年建成的畢打街鐘樓在 1913 年便拆卸了，[23] 故此照片應攝於大清郵票發行的幾年之間，反映了中環早已不存的風貌。圖 60 是一張從皇后大道中角度看畢打街鐘樓的照片，此中清末民初的中環仍是以人力車及擔挑為主要的運輸工具。在畢打街與德輔道中交界，就是主要英商如怡和洋行所在。圖 61 是 1930 年代第二代怡和大廈於畢打街的街景，其主要的交通工具仍是人力車，街中也見到其他洋行和日資船務公司的辦事處。

圖 59｜張貼上清朝「大清國郵票」的明信片，應攝於 1897 至 1911 年。

Clock Tower, Queen's Road Central, Hong Kong.

圖 60｜從皇后大道中角度拍攝畢打街鐘樓，人力車和擔挑為街景點綴出生活感。

23　陳公哲：《香港指南》，頁 5。

圖 61 | 1930 年代第二代怡和大廈的街景，洋行、船務公司匯集其中。

(5) 金鐘

在中環東側與灣仔西側之間的金鐘，原來跟英國海軍的關係千絲萬縷。此地本來的金鐘懸掛於英軍兵房樂禮樓（Rodney Block）的大門口，每逢中午及下午便會敲打，分別是軍人、文職和工人的午膳和下班訊號，此地居民便稱營房為「金鐘兵房」。而英文地名「Admiralty」則是「海軍部」的意思，反映此地就是添馬艦軍事基地的所在，在九七回歸前一直是西方國家其中一個最近中國內地的海軍前哨。[24]圖 62 是一張明信片，為 1910 年代添馬艦海軍基地周遭的「雕像碼頭」（Statue Peer）留影，從中見到英軍軍艦與中式民船雜處的情況。

圖 63 拍攝了建於 1937 年的添馬艦海軍船塢入口，從門前泊了人力車及海軍人員輕鬆的步伐，略知拍攝時應無緊張的軍事氣氛，故此多半不是 1941 年日本侵略之前的情況。船塢入口上展現的皇冠標誌為英皇喬治六世的代表。由於此位英皇在位時間為 1936 至 52 年，而人力車於戰前 30 年代業已消失，只是於二戰後缺乏交通工具而重現，因此照片很可能在二戰剛結束而喬治六世仍在生的 50 年代初期拍攝。

24　有關金鐘早期發展的簡要歷史，見饒玖才：《香港的地名與地方歷史（上冊）——港島與九龍》，頁 83-88。

圖 62 | 1910 年代添馬艦海軍基地周遭的「雕像碼頭」（Statue Peer），中西船隻同駐此處。

圖 63 | 添馬艦海軍船塢的入口，應攝於 1950 年代初期，入口上有喬治六世的皇冠標誌。

　　圖 64 和 65 是站在皇后大道中的尾段，拍攝皇后大道東的起首街區，即今日金鐘道位置，因為在皇后大道東有電車及其筆直的路段，便只有此一部分了。在電車通車早期，電車公司的最大投訴是苦力的手推車常壓壞路軌，也會攔在車軌上阻礙前進，從照片即可見到此等問題。圖 66 則拍攝於靠近金鐘軍營的軒尼詩道與莊士敦道的街角，因為電車車軌向左急轉。此處反映出分隔軍營的電車路對面，便是較為繁盛的街區。攝影師的位置，很可能就在後來俗稱「三角教堂」的循道衛理聯合教會香港堂，望向金鐘的地方。圖中的電車只是單層，是電車公司於 1912 年引入雙層電車前的路況。

圖 65 ｜ 黑白光影下的皇后大道東的起首街區，與圖 64 相映成趣。

圖 64 ｜ 皇后大道東的起首街區，攝於約 1915 年。後來改名為金鐘道，圖左為海軍船塢（今為力寶中心一帶），圖右為美利軍營部分建築物，於 1960 年代拆卸以開闢紅棉道。

Queen's Road near Military Barracks, Hongkong.

圖 66 | 攝於靠近金鐘軍營的軒尼詩道與莊士敦道的街角,圖中電車只有單層,可推斷
照片攝於 1912 年前。

灣仔

(1) 灣仔

　　今日香港島北岸演繹了寸金尺土的含義，除刻意規劃的休閒用地外，幾乎沒有空置或天然的區域。不過在港島最初發展時，除了今日中環、金鐘及上環所在的維多利亞城，以及港府在其西為安置華人移民而建的堅尼地城外，金鐘以東的海旁是逐點發展的，要到二十世紀中後期才將整個海岸填滿。在中西區以外，港島北岸於十九世紀後期最大的聚落，就是被港英政府規劃為「下環」的灣仔。這個以皇后大道東之南側洪聖廟為中心的漁民聚落，原在一個小海灣之中，本來的居民便稱這地貌為「灣仔」。[1] 政府於 1881 年遵從民俗，改稱「下環」為「灣仔」。這裡在金鐘海軍基地以東，與中環有一定的隔阻，要到二十世紀初電車通車後，才與維多利亞城連成一氣。

　　開埠之初，春園街（Spring Garden Lane）一帶是最先出現的新發展區域。寶順洋行大班顛地（Lancelot Dent, 1799-1853），興建了由灣仔道伸展至大王東街的「春園別墅」，春園英文意思就是花園內有一水泉（Spring）。後來顛地破產，春園亦於 1867 年消失。[2] 相較於維多利亞城和堅尼地城，此地是相對貧瘠與荒蕪的地方，吸引了不方便於商業中心營業的妓女、臨時停靠香港的水手，以及歐美以外的外國移民暫住或長居。至 1930 年代，春園街便成為繼石塘咀後另一紅燈區，更有洋人妓女在此謀生，著名風月西片《蘇絲黃的世界》（*The World of Suzie Wong*）便是在灣仔取景的。這裡的妓院俗稱「大冧把」（號碼），因為此區的唐樓門牌醒目地塗在騎樓的支柱之上。圖 67 是一張展現二十世紀初「大冧把」門牌情況的明信片，可見妓院將衣物床

1　參饒玖才：《香港的地名與地方歷史（上冊）——港島與九龍》，頁 110-111。
2　有關顛地及春園的掌故，見魯金：《香港東區街道故事》（香港：三聯書店［香港］有限公司，2019），頁 30-31。

鋪等臨街晾曬的習慣，大抵是將閨中私密展現於公眾面前的招徠手段。圖 68 的彩色照片，則展現出春園街於 1970 至 80 年代初人面全非的景況，因為這裡已是個人山人海的灣仔街市，那種無邊的春色只存在於照片中了。

圖 67 |

攝於約 1920 年的春園街妓院。妓院一般設於樓上，把門牌弄成「大冧把」，以免客人誤闖民居。

圖 68 |

時至 1970 至 80 年代初，舊日的春園美色變成熙來攘往的灣仔街市，可謂人面全非。

　　香港在東亞航運中從前的主要角色是轉口港，春園街附近的汕頭街和廈門街等地，在第二次世界大戰前是轉運貨物暫存的倉庫。圖 69 的明信片記錄了 1910 至 20 年代初廈門街的風光。當中的華人男子已不蓄辮，但警政人員會戴上熱帶軍盔，透露了時間的指引。而船街一帶則為停泊及維修船隻的碼頭與船塢。越過千山萬水來到香港的各地水手，在灣仔登岸後便於這裡休息與娛樂，等待再次啟航。英國循道公會（Methodist Church，香港華人在英國基礎上建立的中華循道公會，在 1975 年與來自美國的衛理公會合併為今日的「循道衛理聯合教會」），為了拯救酗酒與尋歡的華洋水手，便於 1901 年在大佛口建成圖 70 的「海陸軍人之家」（即「水手館」），提供駐港英軍及來港水手住宿、文娛和膳食。圖 71 顯示了於電車通車後水手館的情

Amoy Street, Wanchai Hong Kong

圖69 | 1910 至 20 年代初廈門街的風光。由行人衣著以至建築外觀，可見廈門街市井風味較濃重。

況。因為灣仔大規模填海的需要，政府收回水手館的土地，另撥軒尼詩道與晏頓街交界的位置給循道公會重建水手館，便是今日衛蘭軒所在。1936年中華循道公會在對面的軒尼詩道與莊士敦道交界處，建成一座三角形的華人教堂，與水手館一樣採用

圖70｜位於大佛口的「海陸軍人之家」，建築風格素雅，門前有軍人聚首。

圖71｜電車通車後水手館（圖左）的情況，正有電車經過水手館的位置。

圖72｜攝於 1950 年代的軒尼詩道與莊士敦道西邊交匯處。圖中的循道公會香港堂於 1990 年代經歷拆卸重建，而右方
在晏頓街街口的何培洋服，現為大生商業大廈。

圖 73｜ 攝於 1953 年的灣仔軒尼詩道近史釗域道，左方的頤園酒家以太爺雞馳名，右方克街有不少商科學院，聚集多
少好學之士來業餘進修。

紅磚設計，一併成為灣仔地標。圖 72 就是循道公會香港堂坐鎮軒尼詩道與莊士敦道
西邊交匯處的情況，從單層巴士的形態及 1950 年代初已開業的「何培洋服」啟示，
可推知拍攝時代不遲於 1950 年代。圖 73 則是上述兩條灣仔主要街道約同一時期的東
邊交匯處，圖右下可見 1950 年代加德士油店仍是露天的設施，不像今天在店舖上蓋
了高樓。從明信片中間的軒尼詩道一直往東走，可經過馬師道走到銅鑼灣。圖 74 記
錄了中華人民共和國建國後，莊士敦道與柯布連道交界處情況。因為香港的白花油藥
廠，要到 1960 年代才由北角搬到灣仔，所以照片應攝於該時段或以後。

圖 74 |

1949 年後,莊士敦道與柯布連道交界處開始放上慶祝中華人民共和國成立的字樣。

在洪聖廟外，灣仔另一古老寺廟是建成於 1863 年拜祭北帝的玉虛宮。[3] 該廟的西邊是石水渠街，街中有著名古蹟藍屋，在 1920 年代以前曾有一條石水渠，流經律敦治醫院前身的海軍醫院出海。[4] 其以東則是堅彌地街，圖 75 便是該處經風災後的情況；從警政人員的熱帶軍盔與大檐帽並用作猜測，此照片應不早於 1930 年代初期。圖 76 的明信片拍下了皇后大道東的第一代灣仔政府街市的情況。這所坐落於律敦治醫院所在的「醫院山」西邊的民生設施，[5] 運作於 1858 至 1937 年之間，於 1904 年時擴充覆蓋大道東原有的空地，此後才更新為第二代街市。[6] 從明信片中大道東已無空地，加上男性行人業已剪辮，以及因相機 1/15 以下快門而導致人物浮影的限制，應是攝於 1910 至 20 年代的大底菲林相機作品。圖 77 拍攝了第一代灣仔警署的情況：這所於 1868 年啟用、位於灣仔道與莊士敦道交界的建築，有「二號差館」之稱，坐鎮醫院山的北面，而到 1900 年代運行電車的莊士敦道仍是海濱。到 1932 年港府完成海旁東填海計劃，灣仔警署才遷到告士打道的新海旁之上。[7]

圖 75 |
堅彌地街經風災後的情況，圖中樹木倒塌和街道損壞情況嚴重。

3　有關灣仔初期發展的簡史，見何清顯編：《四環九約：博物館藏歷史圖片精選》，頁 72。
4　See Wordie, Jason. *Streets: Exploring Hong Kong Island*, pp. 136-137.
5　See Wordie, Jason. *Streets: Exploring Hong Kong Island*, pp. 128-129.
6　徐頌雯：《香港街市：日常建築裡的城市脈絡（1842-1981）》，頁 29-31。
7　1930 年代灣仔填海的詳情，見何清顯編：《四環九約：博物館藏歷史圖片精選》，頁 83。

圖 76 ｜ 皇后大道東第一代灣仔政府街市的情況，因律敦治醫院民生設施的擴充而已無空地。

圖 77 ｜ 第一代灣仔警署，有「二號差館」之稱。

圖 78 是位於馬師道與駱克道交界的國民戲院，往北不遠處就是海濱，而這一帶就是前述海旁東填海計劃新增的土地。這座開業於 1940 年的戲院，首部放映的電影是粵語片，可見灣仔華人居民較多是粵籍人士。圖 79 是落成於 1933 年的六國飯店，這張彩色明信片展

圖 78｜國民戲院正上映電影《情與愛》和《南北鐵觀音》，可判斷照片應攝於 1964 年。

示了當年飯店門外的告士打道即是海旁。郵輪來到香港，駁艇上岸就是酒店了。[8] 由於中環碼頭也不算近在咫尺，在告士打道與杜老誌道交界，便建有灣仔碼頭，方便此地居民和遊客來往九龍。圖 80 記錄了 1963 至 67 年間的杜老誌道渡輪碼頭樣貌：自 1949 年灣仔碼頭建立以來，渡輪都駛往佐敦道。但自 1956 年增建了西邊一街之隔的史釗域道碼頭後，往佐敦道的渡輪便改由新碼頭出發；原來的杜老誌道碼頭，則改為營運右側開往九龍城的航線，直到航線於 1967 年停運為止。另一方面，自 1963 年開始，杜老誌道碼頭也開辦了左側開往紅磡的新渡輪航線。因此，此圖難得將 1960 年代杜老誌道碼頭數年之間兩線兼營的情況捕捉下來。

8　1938 年六國飯店也有在陳公哲的《香港指南》刊登廣告，賣點是「為香港唯一幽雅之華人旅舍」（插圖前）。

圖 79｜依山傍水的六國飯店，一度成為香港第二高的建築物，更是著名小說《蘇絲黃的世界》中「南國酒店」的靈感來源。

圖 80｜1963 至 67 年間的杜老誌道渡輪碼頭，難得呈現紅磡和九龍城兩線同步服務的畫面。

圖 81 | 該校是由日資公司捐建、為日僑兒童而設的小學，位於連接灣仔與半山的堅尼地道 26 號。

　　在二戰以前灣仔也是日本僑民聚居之地，至日佔時期更有「小東京」之稱。[9] 圖 81 是 1935 年由日資公司捐建的日本人小學，位於連接灣仔與半山的堅尼地道 26 號，沿玉虛宮往山上走便可抵達。學校的建立反映戰前區內的日籍居民眾多，足以支持專為教育日僑兒童的學校營辦。二戰結束後曾用作皇仁書院、聖保羅男女小學臨時校舍，現則為毗鄰的聖若瑟書院作校舍擴充之用。

　　在堅尼地道下山走到醫院山東側，則是位處灣仔與銅鑼灣交界的摩理臣山。這

9　饒玖才：《香港的地名與地方歷史（上冊）──港島與九龍》，頁 116。

小丘原為石礦場，至戰後方才開採完畢而夷為平地。[10] 摩理臣山的名字取自十九世紀來華傳道的倫敦傳道會馬禮遜牧師（Robert Morrison, 1782-1834）。香港島於 1842 年正式開埠後，倫敦傳道會便向港府要求土地興建教堂和學校，結果當年 11 月便獲准在摩理臣山山頂，興建馬禮遜學堂。不過，這所香港最早期的學校只營運了短短六年，便於 1849 年結束了。圖 82 是十九世紀末至二十世紀初摩理臣山道的情況。這條南接黃泥涌道及皇后大道東、北接天樂里及灣仔道的林蔭大道，是灣仔與銅鑼灣和跑馬地的分界線。

Morrison Hill Road, Hongkong.

圖 82｜十九世紀末至二十世紀初摩理臣山道的情況，圖左為日英印刷所。

10　摩理臣山於 1870 年代的原貌，見何清顯編：《四環九約：博物館藏歷史圖片精選》，頁 88。有關摩理臣山的開發史，見魯金：《香港東區街道故事》，頁 45-66；109-110。

(2) 銅鑼灣

今日的銅鑼灣是港島的核心消費與娛樂區域，除了文娛活動中心的利園山外，其中最顯眼的兩個地標是維多利亞公園，以及紅磡海底隧道的港島出入口。雖然今日位處港島北岸正中央的銅鑼灣非常繁盛，但在港島開埠初期此處實在是邊鄙的「東區」，在四環九約的框架下屬於最外圍的第九約。

1991 年考古學家在奇力島（原名燈籠洲）發現隋代至南宋時期的貨幣，證明這小島在千多年前已有一定的聚落。圖 83 是奇力島原來的模樣，島上的建築就是 1940 年遷入的香港遊艇會。[11] 在 1969 至 72 年間，灣仔北填海及興建海底隧道工程，奇力島便與銅鑼灣連成一塊，成為港島北岸海岸線的一部分了。圖 84 是海底隧道通車不久的情況，在港島出入口建築的左邊就是奇力島，而右邊則是灣仔北填海工程的工地。圖 85 是於 1980 年代初拍攝的海底隧道出入口和銅鑼灣避風塘情況。彩色照片中的九龍巴士過海隧道線的車身，是從 1970 年代末至 90 年代之間在香港大量服役的利蘭勝利二型。現今常有的塞車情況，在當時似乎未有那麼嚴重。

11　See Wordie, Jason. *Streets: Exploring Hong Kong Island*, p. 141.

圖 83 | 1940 年遷入奇力島的香港遊艇會，是全港會所中歷史最為悠久，原址位於銅鑼灣油街。

圖84｜海底隧道通車不久的情況，港島出入口建築的左邊就是奇力島，而右邊則是灣仔北填海工程的工地。

圖 85 | 1980 年代初拍攝的海底隧道出入口和銅鑼灣避風塘，道路網絡的建設更見規模。

　　前述灣仔北的填海工程最大的影響是使「銅鑼灣」這個地貌徹底消失，變成了今日的維多利亞公園。公園現址的東西兩邊海岸線原來像一個銅鑼，故取名銅鑼灣。海灣南岸已是今日大坑的銅鑼灣道位置，要繞道而至且土地相當狹窄，可說將港島北岸分成東西兩部，令陸路交通有所阻隔。因此港府在 1883 年修築了連絡海灣東西岸的石堤，即日後的高士威道（Causeway Road），更將此線內的海灣填平，作為香港首個大型填海工程。[12] 圖 86 是高士威道在二十世紀初電車通車後的景色。將海岸線北移後，港府又在餘下的銅鑼灣北面修築海堤，建成了香港第一個避風塘。[13] 圖 87 這張十九世紀末的明信片，拍攝了避風塘海堤的模樣。因為有安全的泊岸之所，聚居此處的漁民逐漸發展出避風塘文化；而圖 88 則將二十世紀初避風塘船隻靠岸的細節展現出來，見到海邊與港島北岸幹線道路的建築。圖 89 是 1953 年前從灣仔半山俯瞰銅鑼灣避風塘的風光。圖中可見避風塘的海堤有兩層，而在維多利亞公園填海工程開展前，銅鑼灣在低矮樓房間已開始出現高樓，而利園山已漸被削平了。

12　饒玖才：《香港的地名與地方歷史（上冊）──港島與九龍》，頁 89-92。See Wordie, Jason. *Streets: Exploring Hong Kong Island*, p. 150.

13　同時代從摩理臣山觀看銅鑼灣避風塘的情況，見鄭寶鴻：《港島街道百年》，頁 41。

圖 86 | 攝於約 1930 年高士威道在電車通車後的景色，後來 1950 年代初圖左海灣被填平後闢成維多利亞公園。

圖88｜近觀二十世紀初銅鑼灣避風塘船隻靠岸
　　　的景象。

圖87｜攝於十九世紀末銅鑼灣避風塘海堤的模樣。

圖89｜然後拉遠鏡頭，從 1953 年前的灣仔半山俯瞰銅鑼灣避風塘的風光。

　　華商利希慎（1897-1928）於 1923 年從怡和洋行手中買入原名「渣甸山」的山丘，可說為銅鑼灣帶來了劃時代的發展。[14] 將山丘易名「利園山」後，利氏家族將此地發展為包括利園遊樂場和利園酒家等休閒娛樂中心。[15] 圖 90 是利園酒家的門面，在 1920 至 30 年代，這裡是港島的高級遊樂設施。1927 年，為慶祝香港大學中文系成立，港督金文泰（Sir Cecil Clementi, 1925-30 在任）在利園接見了前清翰林編修賴際熙（1865-1937）。據說利希慎為方便其母不用專程跑到西環欣賞粵劇，便把利園山部分土地建成利舞台，並於 1925 年落成，1927 年啟業，圖 91 是利舞台於 1970 年代的模樣。除粵劇及電影外，利舞台也是中外歌手在港獻技的首選，圖中的「桑丹拿」（Santana），就是 1971 年成立以香港為本的「華星娛樂有限公司」（Capital Artists）旗下歌手。

圖 90｜利園酒家的門面由內到外，都強調「包辦筵席」。

14　1869 年渣甸山的情況，見何清顯編：《四環九約：博物館藏歷史圖片精選》，頁 94。
15　參饒玖才：《香港的地名與地方歷史（上冊）——港島與九龍》，頁 160-161。

圖 91 ｜利舞台於 1970 年代的模樣，已是中外歌手首選的表演舞台。

圖 92｜怡和街豪華戲院，據電影《新玉堂春》上映年份，照片應攝於 1954 年。

　　二戰後利園山於 1950 年代被夷平後，此處出現了不少圍繞利舞台的新戲院。圖 92 是 1954 年開業的怡和街豪華戲院（Hoover Theatre）。這所門前就是電車路的新戲院正在播放的電影，是當年由大觀聲片有限公司出品的國語片《新玉堂春》（*The Love of Susan*）。圖 93 則是位於豪華正對面、稍早於 1949 年開張的樂聲戲院（Roxy Theatre），圖中宣傳橫幅來自 1955 年在香港上映的美國電影《胭脂虎新傳》（*Carmen Jones*），改編自著名音樂劇《卡門》，宣揚女性解放。這些多元化的電影匯聚於 1950 年代的銅鑼灣，足見當時港島的繁華開放。圖 94 的彩色照片，將 1960 至 70 年代初銅鑼灣軒尼詩道電車站旁的絢爛夜景凝結下來，除了 1958 年以前已存在的美蘭裁剪女學校，也有在 1960 年代於港九多處建立的呲嘩度手錶（Movado）招牌。

圖 93｜1955 年的樂聲戲院正上映美國電影《胭脂虎新傳》。

圖 94 | 1960 至 70 年代初銅鑼灣軒尼詩道電車站旁的絢爛夜景。

　　戰後銅鑼灣的繁盛，也有賴港府
刻意的發展。1954 年開展了銅鑼灣填
海工程，至 1957 年維園便落成了。此
後於 1960 年維園西邊建成了新的購物
區，其中最重要的新店舖，是當年落
戶香港的日商大丸（Daimaru）百貨
公司。圖 95 所示的「大丸」百貨建
築，更成了銅鑼灣商場一帶的俗稱。
此後，多家日資百貨公司先後在銅鑼
灣開業，令此區成為 1960 至 90 年代
港島主要的購物中心。[16]

　　當然，原來不在住宅與工商中
心的銅鑼灣之所以繁盛起來，全靠
方便可靠的對外交通。自二十世紀初
以來，港島北岸的交通主幹無疑是電
車。圖 96 展示了在 1913 年開始出現
雙層電車的樣貌：上層搭建了簡單的
帆布頂蓋以遮風擋雨。此部車輛停泊
的位置，就是銅鑼灣的電車迴旋處。

★ SHOPPING PARADISE...HONG KONG DAIMARU DEPT. STORE ★

圖 95 |「大丸」百貨建築。

其實在 1903 年香港電車初建時，是分段完成路軌鋪設工程的，而最初期的路線是由
銅鑼灣往東至筲箕灣的部分。從西邊的堅尼地城延至銅鑼灣的部分，要到翌年才完
成。因此，圖 97 就是二十世紀初時，進入高士威道前位於銅鑼灣的東行電車總站。
此後電車並非全部由堅尼地城往返筲箕灣，部分西行或東行路線會以這個站台為終點
站。

16　饒玖才：《香港的地名與地方歷史（上冊）——港島與九龍》，頁 94-95。

圖 96 |

攝於約 1913 年銅鑼
灣怡和街的電車迴旋
處，圖左起有聖保祿
機構和堅尼地馬房，
再到樹木處為現今中
央圖書館的位置。

340   Causeway bay end of Tramcar Hongkong

圖 97 |

攝於約 1905 年，位
於銅鑼灣的東行電車
總站。當時有雅致的
頭等候車室，而電
車只在原來總站處打
圈，便往西邊行走。

Causeway Bay. Tram shelter. Hongkong.

(3) 跑馬地

跑馬地是港島的賽馬場，也是華洋人
士重要的賭博與娛樂場所。此地在開埠前叫
黃泥涌谷，谷底位置原是沼澤。開埠初期港
府填平沼澤建立軍營，不料在這潮濕的環境
中發生瘟疫，不少英國軍人病死，於是谷地
西側便成了埋葬死者的方便地點，英人稱此
地為「Happy Valley」，具有往生極樂的意
思，以作「安息的地方」，中文便譯作「快活
谷」。[17] 1845 年山谷的西邊正式建立「香港墳
場」，埋葬的主要是歐籍及非華裔的居民，但
何東（Sir Robert Hotung, 1862-1956）及何
啟（1859-1914）等二十世紀初的華人領袖，
也都長眠於此。圖 98 應是十九世紀末左右

馬場初建時，從作為前景的墳場位置眺望跑馬地的情況。照片左上方標示的「糖廠」
（Sugar Factory）是位於今日銅鑼灣糖街的「中華火車糖局」，由怡和洋行建於 1878
年，直至 1928 年才結束與清拆。[18]

黃泥涌谷的低窪地區既不適合設置軍營，英軍很快便遷往較高的營地，而港府
則立即改善這塊窪地的環境衛生，更依山谷地形建設了一條鵝蛋形的賽馬跑道。[19] 圖
99 與前照為同一批明信片，圖中工人正在雨天中為跑道「鋪草皮」。從水浸泥濘的情
況，可想像原來沼澤的模樣。馬場的首次賽馬活動於 1846 年 12 月舉行，華人稱黃泥

---

17 饒玖才：《香港的地名與地方歷史（上冊）──港島與九龍》，頁 73-76。See Wordie, Jason. *Streets: Exploring
    Hong Kong Island*, p. 144.

18 1890 年代中華火車糖局的全貌，見鄭寶鴻：《港島街道百年》，頁 86。See Wordie, Jason. *Streets: Exploring
    Hong Kong Island*, p. 143.

19 1873 年快樂谷馬場的情況，見何清顯編：《四環九約：博物館藏歷史圖片精選》，頁 90。

十九世紀末從墳場位置眺望跑馬地的情況。左上方的中華火車糖局原為怡和洋行開辦，但自「省港大罷工」後，洋行退讓部分設備給太古糖廠，並退出製糖業。

圖 99 | 圖中工人於雨天中正為黃泥涌谷的賽馬跑道「鋪草皮」。

涌谷馬場為「跑馬地」。香港賽馬會於 1884 年成立，對博彩活動流行於華人社區有推波助瀾的作用。圖 100 是 1904 年 9 月 29 日「米迦勒日」（Michaelmas Day）馬場的情況，圖中兩位穿著西服的紳士在打哥爾夫球，他們身後則跟著兩名球僮。在跑道外馬場廣闊的草場既不建住宅工廠，便成為各類球類活動的最佳場地了。圖 101 是 1923 年聖誕日在跑道中間的足球場進行的「鬼馬足球賽」（Fancy Football），場中球員以奇特衣著踢球，背後仍可見遠方糖廠的煙囪。圖 102 是 1922 年英國儲君威爾斯親王訪港期間，馬場特別舉辦紀念賽事的盛況。這位駕臨香港的儲君，就是後來的愛德華八世（Edward VIII, 1936 年在位）。

圖 100 ｜ 1904 年 9 月 29 日「米迦勒日」（Michaelmas Day）馬場的情況。

原來跑馬地這個位處灣仔東側和銅鑼灣以南的谷地，是港島非常邊陲的地區，離海旁又較遠，對海運及倉庫業務難有貢獻。正因土地價值不高，才令港府將空地用作馬場及球場等非工商業或住宅的設施。當然，長遠而言這裡開闊翠綠的景觀，令周邊土地價值大增，住宅在山谷如雨後春筍般建成，成為港島的中產華人居住區。[20] 因離銅鑼灣與維多利亞城較遠，1922 年電車便開闢遠離海旁的環狀支線，服務此區居民及於賽馬日湧入的馬場賓客。因為馬場佔了山谷與銅鑼灣和灣仔交界的開闊空地，西邊又是香港墳場，所以跑馬地的住宅區域，便集中在馬場南面的聶高信山與渣甸山交界的黃泥涌峽，以及山谷東邊禮頓山的山腳。[21] 圖 103 是從香港墳場遠看馬場

20 See Wordie, Jason. *Streets: Exploring Hong Kong Island*, p. 149.
21 禮頓山於 1860 年代的原貌，見何清顯編：《四環九約：博物館藏歷史圖片精選》，頁 87。

看台，以及背後禮頓山山腳建築的情況。這張照片應攝於 1931 年馬場建成兩座三層
高的永久看台，至 1957 年看台改建為七層之間。而從兩邊看台中間建有日式西洋風
高塔作推測，應是 1941 年日佔以後的模樣。

圖 102 | 1923 年聖誕日在跑道中間的足球場進行的「鬼馬足球賽」（Fancy
Football）。

圖 102 | 1922 年英國儲君威爾斯親王訪港期
間，馬場特別舉辦紀念賽事的盛況。

圖103 ｜ 從香港墳場遠看馬場看台，以及背後禮頓山山腳建築的情況。

圖104 │ 遠眺 1950 年代後期的跑馬地，馬場看台呈三層且建有高塔。

　　在開埠前黃泥涌峽原建有客家人的黃泥涌村，至 1930 年因跑馬地城市發展而被清拆。[22] 二十世紀初在這黃泥涌村西邊的入口處，曾建有愉園遊樂場，使跑馬地成為多元的遊樂區域。不過 1918 年馬場發生了燒死六百多人的大火，令遊人顧忌而不願到區內遊玩，愉園因而歇業。此地於 1922 年改建為養和醫院。[23] 圖 104 是 1950 年代後

22　有關黃泥涌道與跑馬地的開發史，見魯金：《香港東區街道故事》，頁 140-148。
23　See Wordie, Jason. *Streets: Exploring Hong Kong Island*, pp. 177-178.

圖 105｜俯視 1960 年代跑馬地的馬場，左方摩理臣山已夷為平地。

期的跑馬地景觀，因為馬場看台仍是三層而且建有高塔，愉園早已變成養和醫院，而且糖廠、利園山也跟著消失了。而圖 105 的彩色照片，呈現出 1960 年代跑馬地的景況，圖左的摩理臣山至此完全成了平地，有待在移山填海中充實灣仔區的發展。

(4) 大坑、掃桿埔、渣甸山

　　大坑本來是銅鑼灣南岸的海濱，曾有一條客家村落。現今則成為面向維多利亞公園，位於銅鑼灣與天后兩個地鐵站之間的幽靜之地。此處背靠畢拿山，山上有一條水坑流經此處進入海中，因而得名。這水坑在多次填海後變成了一條明渠。傳說在 1880 年 8 月客家村有村民死於瘟疫，村民在中秋節舞動火龍及燃放鞭炮後瘟疫便消失了，中秋舞火龍自此成為大坑居民的傳統。此區最古老的地標是 1846 年建成的蓮花宮，拜祭的神仙是觀音大使，當地的漁民祈求保佑出海平安。圖 106 是於十九世紀拍攝蓮花宮的照片，當時北坡上並無任何建築，環境頗為幽靜。[24]

圖 106｜十九世紀的蓮花宮。

　　二戰後大量內地難民來港，部分人在大坑後山坡搭建簡陋的寮屋居住，成為馬山村和芽菜坑村，大部分寮屋於 1970 年代被清拆，以興建勵德邨和雲景道。[25] 圖 107 是從今日勵德邨位置俯視銅鑼灣的場面，而圖 108 更清楚展現從這個被稱為芽菜坑的菜田所見到的，是 1950 年代維多利亞公園填海剛完成的地盤。隨著公園的建立，銅鑼灣避風塘也移往更北的位置。

24　See Wordie, Jason. *Streets: Exploring Hong Kong Island*, p. 169.
25　饒玖才：《香港的地名與地方歷史（上冊）——港島與九龍》，頁 101-104。

圖 107｜ 從今日勵德邨位置俯視銅鑼灣，圖右有農民在為農作物澆水灌溉。

圖 108｜ 鏡頭往左後，更能看到 1950 年代維多利亞公園填海剛完成的地盤。

　　大坑另一著名地標，是由華僑巨商胡文虎（1883-1954）於 1935 年建成的「虎豹別墅」。[26] 圖 109 是別墅最醒目的建築，為一座六角七層、高 44 米的白色「虎塔」。圖 110 是於北角水坑位置仰望虎豹別墅的景況，塔樓左側至山上是今日的勵德邨，而照片中塗上橙色的建築，是著名的萬金油花園入口，而花園中最令人印象深刻的元素，就是將「十八層地獄」酷刑形象化的浮雕。

　　掃桿埔是位於灣仔的小山谷，在原來利園山以南，鄰近大坑與渣甸山，北望加路連山，西接跑馬地，[27] 其中最著名的地標，包括 1934 年建成的南華體育會加路連山運動場館，以及 1955 年落成的香港政府大球場。此區在開埠前是本地人的村落，原來盛產用作掃帚桿的樹木，因而得名。[28] 圖 111 是 1950 年代利園山已削平後的南華會球場，而在左下角處可以見到連接政府大球場的道路與斜坡。南華體育會於 1917 年成立，「該會足球隊曾於第二屆遠東運動會，奪得冠軍，又曾赴澳洲比賽，揚譽於國際」。[29] 圖 112 是政府大球場場內的情況，應是 1960 年代學生運動會的場景，[30] 因為攝影師並非用上 1970 年代開始流行的單鏡反光相機。對一眾足球迷來說，大球場見證了 1960 至 70 年代香港球壇光輝的一頁，當時每逢舉行香港甲組足球聯賽時，政府大球場都會全場爆滿，掃桿埔常常被滿身汗水的球迷擠得水洩不通。

26　See Wordie, Jason. *Streets: Exploring Hong Kong Island*, pp. 164-165.
27　掃桿埔的歷史，參魯金：《香港東區街道故事》，頁 149-187。
28　饒玖才：《香港的地名與地方歷史（上冊）——港島與九龍》，頁 98-101。
29　陳公哲：《香港指南》，頁 96。
30　南華體育會創立時期已有將運動場，借予中小學舉辦運動會的傳統，詳情見魯金：《香港中區街道故事》，頁 128-134。

圖 109 |

「虎塔」是虎豹別墅最著名
的建築，於 1930 年代建
成，自 1950 年代初對外開
放起，一直吸引遊客觀賞。

圖 110｜從北角水坑位置仰望虎豹別墅的景象，戰後別墅旁半山上有開墾的梯田，並在別墅下面分佈三至五層高的唐樓或洋樓建築。

圖 111｜攝於 1950 年代的南華會球場，利園山已經削平。

圖112 | 政府大球場場內的情況，應是 1960 年代學生運動會的場景。

東區

(1) 天后、北角

　　從銅鑼灣的高士威道往東踏進英皇道，便離開了港府原來規劃的四環九約範圍，正式進入香港島東區的天后了。這個位處原來銅鑼形海灣東岸的區域，命名的根據是 1985 年港鐵港島線開通時於區內建有「天后站」。這裡的「天后」，則是指山邊建於 1747 年的天后古廟。據說廟宇的選址是附近居民在岸邊拾得一個紅香爐，視之為天后的信物，便在發現香爐處立祠供奉，因此這座供奉媽祖的廟宇又叫作「紅香爐」。[1] 圖 113 拍攝了 1957 年開幕的維多利亞公園泳池；圖中可見泳池東側天后的街景，左下角白色建築是 1930 年代初創立的馬寶山糖果餅乾有限公司（M. P. San & Co.）廠房，而這間食品公司也在鄰近的電器道有門市和其他物業，反映在二戰前後天后的輕工業生產狀況。

　　沿著英皇道往東走到不遠，就到達北角區了。北角的得名是開埠時英軍測量港島北岸，北角所在就是全島最北端的岬角，故名之為 North Point。[2] 二戰前這裡是發電廠及船廠設施集中地，相對港島西邊較為荒蕪，也是福建與潮汕移民較集中的地區。圖 114 的明信片，應捕捉了二十世紀初大型填海工程前北角的海濱景色。圖右的防波堤上建有連接港島東與西的馬路，可能就是英皇道了。圖 115 是同時期的明信片，從東朝西望向當時北角海邊的泳灘。泳灘有伸入海中的木橋，方便泳客下水，也是淺水位置接駁較大船隻的交通設施。

1　饒玖才：《香港的地名與地方歷史（上冊）——港島與九龍》，頁 14-15。
2　See Wordie, Jason. *Streets: Exploring Hong Kong Island*, pp. 184-186; 198-199.

圖 113 ｜ 1957 年開幕的維多利亞公園泳池，可見其東側天后的街景，左下角白色建築是 1930 年代初創立的馬寶山糖果餅乾有限公司廠房。

圖 114｜二十世紀初北角的海濱景色，可見當時未經大型填海工程。

圖 115｜從東朝西望向當時北角海邊的泳灘。

　　北角發展的轉捩點是國共內戰的動盪，使大量上海人於 1940 年代末期南移香港，而他們的聚居地就是北角。上海移民把作為戰前亞洲都會的上海生活文化帶到這區，使北角於 1950 至 60 年代初，成為有「小上海」之稱的國語文娛活動中心。此時包括璇宮戲院（Empire Theatre）在內的娛樂場所，便在北角湧現。圖 116 就是 1952 年 12 月建成的璇宮戲院。戰後俄羅斯裔猶太商人歐德禮（Harry Odell, 1896-1975）看準北角的娛樂潛力，便率先引入璇宮這種「劇院式戲院」，是讓演藝人員可即席表演，也可播放電影的混合舞台。圖 117 是 1956 年從內地來港的「中國民間藝術團」，假座璇宮戲院表演的盛況。中華人民共和國成立不久，中英雙方為外交破冰，先有香港中英樂團（香港管弦樂團前身）獲邀赴廣州中山紀念堂演出，而香港的回應便是邀請這個藝術團蒞臨獻技。照片中可見戲院右側設有「璇宮樓」餐廳，反映此建築的多元服務功能。而圖 118 是民間藝術團表演期間拍攝的戲院遠景，展示了 1950 年代英皇道街區整齊開闊的情狀。在兩幅照片中皆見排隊買票或等待入場的人龍，足見內地來港的藝術團對區內居民強大的吸引力。

圖 116 |

北角璇宮戲院，為皇都戲院前身。

圖 117｜「中國民間藝術團」假座璇宮戲院表演的盛況，可清晰看到餐廳「璇宮樓」的招牌。

圖 118 | 民間藝術團表演期間拍攝的戲院遠景，同時展示了 1950 年代英皇道街區整齊開闊的情狀，和觀眾排隊人龍的態勢。

　　這所屋頂建有特色「飛拱」桁架的新型戲院，於 1957 年不幸結業。買入戲院的陸海通集團，將這特色建築與周邊地段綜合發展成住宅及商用項目，而原有的地下停車場，則改建成三層商場。轉手了的璇宮戲院於 1959 年重開，改名皇都戲院（State Theatre），直到 1997 年才結業。

　　除了皇都之外，圖 119 所示的都城戲院也於 1954 年開業。這所位於英皇道更東面、鄰近後來北角邨的戲院，主要放映西片，只是滬籍居民逐漸搬離北角，令有財力到戲院之觀眾大減，終於在 1963 年結業。圖中播放的電影是 1957 年在香港上映的《馬戲千秋》（Trapeze），但戲院外卻已頗為冷清。圖 120 為 1950 年代初的英皇道留下了紀錄：正中的建築是雲華大廈，從其後的斜路上山就是北角衛理堂。對面街則是月宮舞廳，再往圖右走過一點，就是 1949 年開張而有「遠東第一遊樂園」之稱的月園。[3]

圖 119 ｜ 1957 年的都城戲院，門口上下為電影《馬戲千秋》作強力宣傳。　　　　　　　圖 120 ｜ 1950 年代初的英皇道。

3　見鄭寶鴻：《消失中的城市建築 —— 香港歷史圖像精選 1880s-1990s》（香港：三聯書店〔香港〕有限公司，2013），頁 83。

　　因為內地大量移民湧入，至 1960 年代因東南亞排華等政治問題，不少當地華僑逃難到港也於北角落腳，因此北角一帶一度成為世界人口最密集的地區之一。擁擠的生活環境容易造成空氣滯悶，易使當地居民身體不適。原來扎根於檳城與新加坡的白花油，看準香港對成藥的商機，便於 1950 年代在北角英皇道設廠生產，圖 121 是白花油的北角廠房外觀。

圖 121｜白花油的北角廠房外觀，牆上亦宣傳其他產品，廠房頂部的白花油標誌相當醒目。

　　港府眼見北角區人口急升，應對的辦法就是建設位處渣華道的北角邨。相對於九龍因石硤尾大火急就章興建的公共房屋，這座於 1958 年落成的北角邨被譽為「亞洲最壯麗的工程」，亦是當時香港最大型的住宅項目，圖 122 是北角邨建設期間所拍的照片。邨中每戶均有獨立廚房及廁所，更有露台和固定間隔房間，並設有升降機，更有社區會堂、商店、巴士總站、郵政局及碼頭等完備的民生設施。

　　在講述中西區歷史時，已提到二十世紀初游泳運動被視為民族富強的象徵，而北角是港島最早設置泳棚的地方。除了泳灘與泳棚外，在二戰之後作為游泳重鎮的北角，也在濱海位置建有不少在岸上的游泳池，最著名的當然是半室內的麗池大廈泳池。圖 123 是 1950 年代的北角明園泳池，對岸的油塘山上植被稀疏，應拜日佔時代濫伐樹木作燃料所賜，當時港府也未及重新為受影響地區植樹。這個位於七姊妹泳灘附近的泳池，[4] 建有跳水的高台，方便泳客在海灘與泳池間享受不同的游泳方式。[5]

4　饒玖才：《香港的地名與地方歷史（上冊）—— 港島與九龍》，頁 126-127。See Wordie, Jason. *Streets: Exploring Hong Kong Island*, p. 187.
5　早在 1930 年代七姊妹海灘已是香港游泳重鎮，見陳公哲：《香港指南》，頁 97-98。有關七姊妹泳灘的詳盡掌故，見魯金：《香港東區街道故事》，頁 283-321。

圖 122｜北角邨建設期間所拍攝的照片。

圖 123｜1950 年代的北角明園泳池。

(3) 鰂魚涌、西灣河、筲箕灣

　　香港早期重要工業是煉糖，在講述跑馬地歷史時已提到銅鑼灣原有怡和的中華
火車糖局。當時另一具規模的糖廠是坐落於鰂魚涌的太古糖廠。圖 124 的加色明信片
展示了這座於 1884 年落成的最早稱為太古糖房（Taikoo Sugar Refining Company）
的巨大建築。糖房後來改稱太古製糖局，之後又再改為太古車糖公司，俗稱太古糖

圖 124｜遠眺太古糖廠一帶，環境山明水秀。附近沙灘有人休憩，感覺恬靜怡人。

廠。創辦人英商約翰‧施懷雅（John Samuel Swire, 1825-98）成立糖廠的目的，是要開辦中國最大、最先進的煉糖廠。香港的幼白砂糖糖身特別潔白、純淨和幼細，馳名中外，遠銷至中東、南亞、加拿大、澳洲和美國。圖125是1950年代近觀糖廠廠房的建築。太古糖廠有小船隊自行運載貨物，而遠洋運輸則依靠太古輪船公司的船隊，可說在運輸上較東亞其他糖廠大有優勢。

圖 125｜近觀 1950 年代太古糖廠廠房，四周均是玻璃外層，外觀頗為通透。

　　太古洋行無疑是開埠初期港島東區開發背後最重要的推手，從鰂魚涌開始到筲箕灣的主要建築、大型工業設施，以及供給工人的宿舍與教育設施，無不與這英資企業有關。[6] 圖 126 記錄 1950 年代西灣河風光，是從聖十字徑西望筲箕灣道電車路的情況。圖右是西灣河街市及作為太古工人宿舍的太安樓，路的盡頭則是太古船塢。從第二代俗稱「鐵板燒」的小巴車型來看，圖 127 這張黑白相片拍下的西灣河筲箕灣道街景，應該是 1970 年代的景況。[7] 這張由西向東望的照片中，圖左仍是西灣河街市，而圖右的何立天跌打在 1955 年開業，卻未見於上述 1950 年代的相片中，可知前圖應攝於該年之前；而 1950 年代的店舖基本上已在二十年後的街頭消失，更見這個東部區域的迅速變化。圖 128 是西灣河公立醫局原址門外的情況，從小巴的車型看來也是拍攝於 1970 年代。這間位於筲箕灣道與海寧街交界的醫局在 1960 年代停辦，改作筲箕灣街坊福利會，現在已拆卸成為海寧街休憩處。而在醫局東邊的美孚石油加油站，現也消失不見了。

6　1930 年代太古糖廠與船塢的面貌，見鄭寶鴻：《港島街道百年》，頁 87。饒玖才：《香港的地名與地方歷史（上冊）——港島與九龍》，頁 121-125。See Wordie, Jason. *Streets: Exploring Hong Kong Island*, pp. 210-213.
7　香港市區的「公共小巴」在 1960 年代末期因「六七暴動」而出現，詳情見魯金：《香港中區街道故事》，頁 239-249。

圖126｜1950 年代西灣河風光，從聖十字徑西望筲箕灣道電車路，左右兩邊的建築風格大相逕庭。

圖 127｜西灣河筲箕灣道街景，據小巴車型判斷，照片應攝於 1970 年代。

圖 128｜西灣河公立醫局原址門外的情況，攝於 1970 年代。

　　筲箕灣道的目的地就是筲箕灣，而這個以形狀像筲箕而得名的海灣，除了是漁民的避風港之外，在港島北岸發展過程中扮演最重要的角色，也是電車在東面的終點站。[8] 圖 129 是製作於二十世紀初的明信片，當中記錄了筲箕灣道電車已建成但仍未有 1927 年鋪設的雙軌，也仍未大規模填海的海濱景色。正因圖中不見太古糖廠與船塢，應拍攝於西灣河至筲箕灣一帶。圖 130 這張二十世紀初的明信片，拍下了筲箕灣避風塘的漁村景致，也將山上的鯉魚門軍營收納其中。這裡是港島的軍事重地，因為筲箕灣外的鯉魚門，扼守維多利亞港東面入口，英軍早在 1845 年已建設鯉魚門軍營，更自 1880 年起在該處不斷修築碉堡炮台。今日炮台已改為海防博物館，而避風塘也早已被填平了。圖 131 的明信片近距離拍攝了二十世紀初筲箕灣避風塘生活的樣貌，圖右下角兒童的浮影既是低速快門的結果，也是大底片相機鏡頭景深很淺的限制。圖 132 這張時代差不多的上色明信片，記錄了這個避風塘除了泊滿漁船外，其中也建有不少棚屋，此處居民名副其實是「水上人」了。[9]

圖 129 |

二十世紀初筲箕灣道電車已建成，但仍未經大規模填海的海濱景色。

8　有關二十世紀初筲箕灣的情況，見鄭寶鴻：《港島街道百年》（香港：三聯書店〔香港〕有限公司，2000），頁 30-31。

9　至 1930 年代，筲箕灣仍是以漁村風貌見稱，見陳公哲：《香港指南》，頁 92。

Shaw Ki Wan showing Military Barracks Hongl

圖 130 |

筲箕灣避風塘的漁村景致，也將山
上的鯉魚門軍營收納其中。

圖 131 | 二十世紀初筲箕灣避風塘生活的樣貌。

S4au-Ki-wan Bay, Hongkong,

圖 132｜同期的筲箕灣避風塘除了泊滿漁船外，其中也建有不少棚屋，可見當時水上人生活仍是聚居為主。

南區

(1) 香港仔、黃竹坑、鴨脷洲

　　相傳英國人在鴉片戰爭時期最早於南區登陸香港島，香港仔、薄扶林和赤柱原來的「水上人」聚落，曾爭相解說自己的村民就是英軍攀山到港島北岸的引路人。另一傳說則云英軍原在赤柱登陸，經香港村、薄扶林才走到港島北部。在途經石排灣的「香港村」時，英軍詢問該處地名，水上人的引路者以蜑家鄉音回答「Hong Kong」，於是這條位處今香港仔區村落的名字，便糊里糊塗地成了全島的總稱。無論實情如何，「香港」的名稱似乎最先是指今日的「香港仔」區域，日佔時代甚至改稱這區為「元香港」，意即「原來的香港」。南區各處較諸港島北岸，似乎於香港早期的開發上擁有更多的角色。

　　開埠之前，現今香港範圍內較重要的產業，是開採花崗岩，故此港島不同地方早有從粵東而來的客家石匠聚落。據說石匠鑿出的石磚，會先運到香港仔分行排列，此處海灣便稱「石排灣」。清初遷海前石排灣則是區內香樹製品的轉運站，故有名為「香港」的村落。英人以英語地名「Aberdeen」命名此區，紀念鴉片戰爭時期英國外交大臣鴨巴甸勳爵（George Hamilton-Gordon, 4th Earl of Aberdeen, 1784-1860）。因為粵語「仔」也有「細小」之意，英文意譯地名又叫這區作「Little Hong Kong」。[1] 英人選擇香港村登陸的一大原因，是這裡有方便供應淡水的溪流，水質甘甜，附近居民稱為「香江」。圖 133 的明信片，應是這條今日改建為明渠的溪流「黃竹坑」，於十九世紀末的風貌。[2]

1　鄭寶鴻介紹了香港仔於 1874 年及 1930 年代的情況，見鄭氏著《港島街道百年》，頁 32。另參饒玖才：《香港的地名與地方歷史（上冊）——港島與九龍》，頁 138-141。See Wordie, Jason. *Streets: Exploring Hong Kong Island*, pp. 236-237.

2　See Wordie, Jason. *Streets: Exploring Hong Kong Island*, pp. 242-243.

圖 133｜今日改建為明渠的溪流「黃竹坑」，於十九世紀末的風貌。

　　從圖中巴士的形制可知，圖 134 大約拍攝了 1930 年代後期香港仔大街（今稱香港仔舊大街）的景色。圖中心的酒家位置，原屬 1930 年開業的樂天酒樓，不久後則轉手為「鎮南酒家」。此酒家 1940 年後拆卸重建，後易手為「廬山酒家」，爾後再於 1950 年代改名為「珊瑚酒家」，經營至 1970 年代。[3] 圖中所示，正是鎮南酒家改建前直排窗戶的原樣。圖 135 是上述市街的近景，當中除中午賣點心而「四時以後每兼營酒菜」顯眼的茶室外，也有於 1864 至 1964 年的百年間，服務香港九龍的煤氣街燈。[4] 聯繫 1950 年開始營業太白海鮮舫的駁艇碼頭，此時仍未於左下角的海旁出現。

3　有關二十世紀香港仔大街酒家的轉變，見「南區舊事」網站（https://oldhkphoto.com/aberdeen/），2024 年 4 月查訪。

4　See Wordie, Jason. *Streets: Exploring Hong Kong Island*, pp. 47-48.

Aberdeen("Little Hong Kong")

圖 134 | 1930 年代後期香港仔大街，中間的鎮南酒家仍採用直排窗戶。

圖 135 | 近觀香港仔大街，圖右的煤氣街燈象徵圖中時代的痕跡。

圖 136 | 太白海鮮舫駁船碼頭已建立後的香港仔大街，應攝於 1960 年代。

　　1930 年代訪港遊客時會租賃汽車作港島環島遊，從中區開始經薄扶林的旅程中
段，就會到達香港仔，「遊客如欲作小憩，此處有酒樓茶室，可進小食，以海鮮著
名，在此約逗留四十五分鐘」。[5] 當時遊客大概就是到鎮南酒家或南芳茶室，吃此處著
名的海鮮了。圖 136 是太白海鮮舫駁船碼頭已建立後的香港仔大街，從珊瑚酒家仍屹

5　　陳公哲：《香港指南》，頁 88。

圖 137｜同時代香港仔大街的近鏡，圖右珊瑚酒家的前身就是鎮南酒家。

立不倒來推斷，這張彩色照片應攝於 1960 年代。圖 137 應是同時代香港仔大街的近
鏡，因為從「一定好藥行」向右的所有店舖，都跟前述遠景的彩色照片完全一樣。
只是照片中水上人婦女草帽、深色衣褲及背帶的造型，較諸同期照片的路人已顯突
兀，似乎是為遊客的漁港印象刻意製作的擺拍作品。

　　因為海鮮美食遠近馳名，香港仔的水上人居民在海濱經營酒樓外，更於二戰後
仿效珠江一帶的「歌堂船」，引入了水上餐廳「畫舫」。在 1950 年代全盛期時，香
港仔避風塘中曾泊有十多艘海鮮舫。圖 138 是 1970 年代從香港仔大街駁艇碼頭的方

圖138 | 1970 年代從香港仔大街駁艇碼頭的方向，望向太白海鮮舫的情況，
海鮮舫滿身燈光，在夜間璀璨生輝。

向，望向太白海鮮舫的情況。圖中除太白之外，更有 1958 年建成的海角皇宮海鮮
舫，圖 139 則是海角皇宮駁艇碼頭的風光，漁家風情是海上飲食的招徠，也是海鮮質
素的保證。不過，這艘三層高的畫坊並非原來的海角皇宮，而是 1961 年為擴充業務
而建的「海角皇宮第二金鑾殿」。圖 140 就是原來兩層高的海角皇宮外貌，開張時的
霓虹招牌原是中文的。大概因海外遊客逐漸成為主要客源，所以圖 141 的海角皇宮，
後來便將招牌改為以英文名稱「Sea Palace」為主，中文名稱為輔的形式，由此見證
當年旅遊業的興旺以及客源的變化。圖 142 的避風塘景致中仍未見 1976 年開業的珍
寶海鮮舫，只有太白與加建了第二金鑾殿的海角皇宮並立，拍攝時間應在 1968 至 75
年之間。在香港仔眾多海鮮舫中最具代表性者，無疑是香港史上最大型的珍寶海鮮
舫。[6] 隨著 2020 年海鮮舫停業並於兩年後運送公海期間沉沒，似乎見證了香港仔畫舫
娛樂事業的興衰。

---

6   參饒玖才：《香港的地名與地方歷史（上冊）——港島與九龍》，頁 143。

圖139 | 海角皇宮駁艇碼頭的風光，入口前一排身穿漁民造型的人士合照，增添當地的漁家風情。

圖 140 | 太白海鮮舫駁船碼頭已建立，應攝於 1960 年代，當時招牌仍以中文名稱為主。

圖141 | 後來海角皇宮便將招牌改以英文名稱「Sea Palace」為主，中文名稱為輔的形式。

圖 142 ｜

避風塘景致中仍未見 1976 年開業的珍寶海鮮舫，
只有太白與加建了第二金鑾殿的海角皇宮並立，
拍攝時間應在 1968 至 75 年之間。

　　不過，旅遊業和飲食業畢竟只為香港仔的經濟錦上添花，因為這個與海為鄰的區份最重要的產業，至二十世紀後期仍是漁業與造船業。除了有黃竹坑供應甘甜的淡水外，香港仔吸引漁船乃至外洋商船停泊的誘因，是與隔岸相對的鴨脷洲共同構成的良港。[7] 這個後來加建海堤成為香港仔避風塘的港灣，雖然難在大小規模上與港島北岸的維多利亞港媲美，但在風帆木船時代已足夠漁民與商人暫駐的需要。

　　靠海為生的水上人，原是漢人世界中的邊緣族群。為改善漁民的生活，華人善長便集資興建圖 143 位於黃竹坑出海口「涌尾」的香港仔工業學校，為漁民子弟提供教育機會，更設置宿舍讓學生可「上岸」，不致因作為家居的漁船出海而影響學業。這所創辦於 1935 年的專業訓練學校，一直由天主教慈幼會營運，初名「香港仔兒童工藝院」，[8] 向區內失學青年教導皮革、裁縫、機械等有助就業的「一技之長」。圖 144 是用大底片相機拍攝的慢快門照片，因為前景船隻既在焦距外的朦朧，也因慢快門而「郁動」。帆船後的工廠，是開業於 1905 年的大成紙廠，拆卸後原址就重建成後來的香港仔工業學校。[9] 這張拍攝了清一色都是風帆漁舟的照片，應拍攝於二十世紀初工業學校建成之前。圖 145 是從鴨脷洲拍攝香港仔大街和避風塘的明信片，因為當時涌尾仍未填海，[10] 而香港仔大街街尾的樓房已換成改建後的珊瑚酒家，時間應該在 1950 至 60 年代之間。圖 146 的彩色照片，記錄了鴨脷洲東北岸望向黃竹坑的景色，略可見到涌口位置於 1967 年開展的填海工程。不過從圖中人物的衣著，以及風帆已被漁民完全淘汰，可推斷拍攝時間應為 1960 至 70 年代初期之間。

7　1930 年代香港仔與鴨脷洲簡要的介紹和唇齒相依的情況，見陳公哲：《香港指南》，頁 13-14。

8　陳公哲：《香港指南》，頁 38。

9　參饒玖才：《香港的地名與地方歷史（上冊）——港島與九龍》，頁 142-143。

10　見香港仔「蒲窩」青少年中心「復刻南區」計劃 —— 南區歷史文化展覽網頁：海岸線變遷（https://www.warehouse.org.hk/resouth-exhibition/），2024 年 4 月查訪。

圖143｜位於黃竹坑出海口「涌尾」的香港仔工業學校。

圖144｜圖左是開業於 1905 年的大成紙廠，拆卸後原址就重建成上圖的香港仔
　　　　工業學校。

圖 145 |

從鴨脷洲拍攝香港仔大街和
避風塘，當時涌尾仍未填
海，應攝於 1950 至 60 年代
之間。

圖 146 |

鴨脷洲東北岸望向黃竹坑的
景色，略可見到涌口位置於
1967 年開展的填海工程。

　　圖 147 是從北面的班納山拍攝的香港仔與鴨脷洲市街，圖左下隱約可見建於
1891 年現為蒲窩青少年中心的舊香港仔警署，而 1920 年代鴨脷洲北面的填海工程仍
未進行，大小「鴨蛋」兩座小島仍然四面環海，[11] 攝影師史坦博（M. Sternberg）大概
於二十世紀初行山時，向南觀看海灣而拍得此明信片。[12] 在圖 148 這張拍攝於 1950 年
代的上色明信片中，可從未被火燒的涌尾位置，察看今日鴨脷洲公園與深灣。圖 149

圖 147 ｜ 從北面的班納山拍攝的香港仔與鴨脷洲市街，圖左下隱約可見舊香港仔警署。

11　見香港仔「蒲窩」青少年中心「復刻南區」計劃 —— 南區歷史文化展覽網頁：海岸線變遷（https://www.
　　warehouse.org.hk/resouth-exhibition/），2024 年 4 月查訪。
12　有關史坦博於 1906 至 1914 年間在港澳拍攝的其他明信片，見「Gwulo: Old Hong Kong」網站（https://
　　gwulo.com/node/32930），2024 年 4 月查訪。

圖 148 | 攝於 1950 年代的涌尾位置，當時未經火燒。

圖 149 | 香港仔避風塘，有戰前「香港八景」之「鴨洲帆影」的美譽。

與圖 150，是兩張角度稍異但時代大抵相同的香港仔避風塘上色明信片，因為泊在鴨脷洲一側的畫舫同是四艘，也未有珍寶海鮮舫。鴨脷洲北岸的海岸線已見填海痕跡，不過最重要的時間線索，在圖下方位於今日香港仔中心的「香港仔旱塢」此時仍未被填平，時間肯定在工程完成的 1967 年以前。圖 151 是從班納山高處遠攝香港仔避風塘景色的彩色照片，圖中的香港仔旱塢仍在營運之中，[13] 反映了 1960 年代初香港仔與鴨脷洲兩地大興土木的新貌。為進一步推動這個南區市鎮的發展，港府於 1977 年開始興建的鴨脷洲大橋，正式將「一衣帶水」的南北村市連成一線。[14] 圖下方則是 1915 年啟用的香港仔華人永遠墳場，規模甚為龐大。

13　參饒玖才：《香港的地名與地方歷史（上冊）——港島與九龍》，頁 141-142。
14　See Wordie, Jason. *Streets: Exploring Hong Kong Island*, pp. 237-238.

圖 150｜與圖 149 同時代的香港仔避風塘，與仍未見珍寶海鮮舫出現。

圖 151 | 從班納山高處遠攝香港仔避風塘景色，其中香港仔旱塢仍在營運，反映了 1960 年代初香港仔與鴨脷洲兩地大興土木的新貌。

(2) 壽臣山、淺水灣、石澳

　　沿著香港仔大街往東走會經過涌口，走過貫穿黃竹坑的黃竹坑道，便到南朗山腳的海洋公園。進入香島道一直沿著海濱走，則到達歸屬於壽臣山區的深水灣了。壽臣山原名鐵坑山，因香港華人領袖周壽臣（1861-1959）的住宅就在該處，英國為表揚他對香港的貢獻，在 1936 年將鐵坑山改稱壽臣山。深水灣是南區的重要旅遊景點，不過名氣常被其東面的姊妹海灘淺水灣蓋過。[15] 圖 152 是於 1910 至 20 年代以大底相機拍攝的上色明信片，圖中築路工人正在修繕於 1840 年代已建成、繞經深水灣的香島道，海灘邊上也有不少茅草建成的泳屋，而且有泳棚木橋延伸至水深之處，足見二十世紀初游泳文化對港島南北海岸線的影響。圖 153 應是時代稍晚而走進深水灣泳灘中拍攝的近鏡，明信片的左邊山坡上已建有住宅，而右邊的紫羅蘭山山坡後，也建有俯瞰淺水灣的別墅。

15　See Wordie, Jason. *Streets: Exploring Hong Kong Island*, pp. 216-217.

212　Bathing Beach of Deep water Bay Hongkong.

圖 152｜於 1910 至 20 年代的深水灣上，築路工人正在修繕香島道。

''Mail Postcard.'' Deep Water Bay, Hong Kong.

圖 153｜近觀時代稍晚的深水灣泳灘，圖左山坡上已建有住宅，而圖右的紫羅蘭山山坡後，
　　　　也建有俯瞰淺水灣的別墅。

REPULSE BAY, HONG KONG.
BY KUNG-CHE CHEN.

灣水淺港香
攝哲公陳

圖154｜陳公哲於 1930 年代拍攝的淺水灣照片，除圖右的淺水灣酒店外，也拍攝了圖左的「Eucliffe」哥德式別墅。

　　據陳公哲《香港指南》推介的 1938 年環島行車旅遊路線：「由香港仔前行，經深水灣而至淺水灣，上為淺水灣酒店，午餐由十二時至二時，每客四圓。下午茶由四時至六時，每客一圓，招待中西旅客。由此再前行而至赤柱，經大潭篤水塘，下斜坡經柴灣而至筲箕灣，可下車一遊其鄉村。」[16] 迄 1930 年代，淺水灣已是港島重要的景點，而 1920 年建成的淺水灣酒店，更是整個地區的中心。[17] 據《香港指南》提供的酒店訊息，當時九龍最豪華的半島酒店最高房價只是每晚 30 元，但淺水灣酒店的索價竟是 45 元，[18] 可見此處對旅客有著無比的吸引力。愛因斯坦（Albert Einstein, 1879-1955）在 1922 年到日本訪問前路經香港，在只有一日的行程中也特地到淺水灣酒店享用下午茶。圖 154 是陳公哲於 1930 年代拍攝的淺水灣照片，除圖右的淺水灣酒店外，也拍攝了圖左落成於 1930 年由余仁生藥行東主余東璇（1877-1941）興建的「Eucliffe」哥德式別墅。這兩座地標性建築，雙雙於 1980 年代被拆卸重建，此後淺水灣亦進入了新的豪宅時代了。[19]

————————————

16　陳公哲：《香港指南》，頁 88。
17　See Wordie, Jason. *Streets: Exploring Hong Kong Island*, pp. 229-230.
18　陳公哲：《香港指南》，頁 76。
19　有關資料見「城記・漫遊」網站（hkmemory.org），2024 年 4 月查訪。See Wordie, Jason. *Streets: Exploring Hong Kong Island*, pp. 230-231.

圖 155 就是從余東璇別墅腳下位置，拍攝淺水灣酒店的景觀。從酒店右邊仍然荒涼的情況來看，這張上色明信片應拍攝於 1920 年代初落成的時段。圖 156 從酒店山下的海灘觀看對出海面的風光，這張明信片解像清晰，反映攝影器材與沖曬技術已到新的境界。海中的漁舟多是划槳推動，從泳客打的洋傘和衣裝，可推斷出拍攝時間為 1920 至 30 年代。圖中的亮點，是靠左的海中正進行 1922 年首創於美國的滑水活動，吸引了泳客的目光。圖 157 大概是 1930 年代淺水灣上一家大小泳客，在泳屋前沙灘上休憩的情況，當時海灣靠東位置的建築仍然不多。圖 158 是近鏡拍攝了當時香港海灘的泳屋，當中幾位西洋男泳客上身也較保守地穿著泳衣，而泳屋門前的「3」號門牌，展現了泳屋由專責管理者出租營運的狀況。

圖 155｜從余東璇別墅腳下位置，拍攝淺水灣酒店的景觀。

圖 157｜1930 年代淺水灣上一家大小泳客，在泳屋前的沙灘上休憩的情況，當時海灣靠東位置的建築仍然不多。

圖 156｜ 從淺水灣酒店山下的海灘觀看對出海面的風光，從泳客打的洋傘和衣裝，可推斷攝於 1920 至 30 年代。

圖 158｜ 近鏡拍攝了當時香港海灘的泳屋，當中幾位西洋男泳客上身也較保守地穿著泳衣，而泳屋門前右方的「3」號門牌，展現了泳屋由專責管理者出租營運的狀況。

　　圖 159 是記錄了淺水灣酒店落成初期的況貌，因為整個區域當時仍未正式開發，圖右的山坡只是平整了未來可能發展的空間。攝影師應是站在酒店停車場，向建築正門拍下這照片。圖 160 就是停車場泊滿賓客車輛的盛況。據說酒店開業時吸引了 350架車輛去湊熱鬧，似乎當時全港的私家車也駛入了淺水灣。圖 161 這張明信片是酒店開業初接待大堂的景象，是典型的英式熱帶裝潢。圖 162 拍攝了戰前酒店門外的庭園雅座，當中顧客全是華人，或見 1920 至 30 年代民國「黃金十年」間中國經濟成長迅速，來港的華籍旅客捨得到奢華的淺水灣享受消費的樂趣。當然，除華人外，西洋遊

COPYRIGHT PHOTOGRAPH　　　　　　　REPULSE BAY HOTEL, HONGKONG
No. 10

圖 159｜淺水灣酒店落成初期的況貌，圖右的山坡只是平整了未來可能發展的空間。

客仍是淺水灣酒店早期重要的客源，圖 163 就是外洋婦女搭乘中國特色的肩輿情況。據《香港指南》所載，這種由兩名轎夫負載的肩輿，十分鐘收費一毫五分，一小時則是四毫，相對於小號出租汽車一小時三元的收費，[20] 價格算是極低廉了。圖 164 記錄了淺水灣酒店於初夏火焰木開花的景致，從汽車的型號可推敲這張影像質素甚高的彩色照片，大約攝於 1960 年代末至 70 年代初之間。

Repulse Bay Hotel, Hongkong. "The Parking Ground"

圖 160｜淺水灣酒店停車場泊滿賓客車輛的盛況。

20　陳公哲：《香港指南》，頁 101-102。

Repulse Bay Hotel, Hongkong. "Main Office & Orchestra Gallery"

圖 161 | 淺水灣酒店營業早期接待大堂的景象，室內採用典型的英式熱帶裝潢。

圖 162 | 戰前淺水灣酒店門外的庭園雅座，可見顧客全是華人。

圖 163 | 西洋婦女在淺水灣酒店搭乘中國特色的肩輿情況。

圖 164 ｜ 淺水灣酒店於初夏火焰木開花的景致，大約攝於 1960 年代末至 70 年代初之間。

　　圖 165 這張上色明信片應攝於 1920 年代淺水灣酒店開業初期，除考慮相片解像較粗的技術元素外，也因圖右山坡的植被稀疏，似是酒店開山建成後樹木仍未及長成的景況；該處山坡後來於 1950 年代初，先後建成了兩座「淺水灣大廈」。圖 166 是少有從東向西拍攝淺水灣的上色明信片，而決定拍攝日期的最重要因素，是圖右只有一座白色的淺水灣大廈。原來這個發展項目中的第一座於 1950 年落成，第二座則在 1955 年才入伙，故此照片應是這五年之間的作品。圖 167 上色明信片右上角兩座黃色的建築，就是整體完成後淺水灣大廈的全貌。此外，同圖左余東璇別墅後的沙灘上新見的白色三層大樓，是於 1950 年代由港府興建的「海景大樓」。圖 168 是在海灘

H. K. Hotel Repulse Bay

圖 165 ｜ 攝於 1920 年代淺水灣酒店，圖右山坡的植被稀疏，似是酒店開山建成後樹木仍未及長成的景況。

上從東面拍攝大樓的外觀，原來這座至今仍存的政府物業，在落成初期是名為「淺水灣飯店」的海景餐廳。這些圖片告知我們二戰後淺水灣的茅草泳屋，全都改為鋼筋水泥的橫排建築了。圖 169 從背面拍下這些新式泳屋的面貌，而圖 170 則是站在稍高位置的海景大樓後所拍攝的。這兩張拍攝於 1950 年代以後淺水灣景色的上色明信片，也展現了淺水灣最遲在戰後初期才有浮台等設施，加強游泳的樂趣與安全。

圖 166 |
少有從東向西拍攝淺水灣的角度，圖右有淺水灣大廈。

圖167｜圖片右上角就是淺水灣大廈。沙灘上新見的白色三層大樓，是於 1950 年代興建的「海景大樓」。

圖 168 ｜ 在海灘上從東面拍攝海景大樓的外觀，落成初期是名為「淺水灣飯店」的海景餐廳。

圖 169 | 從海景大樓背面拍下淺水灣一帶新式泳屋的面貌。

圖 170 │ 再站上稍高位置的海景大樓後拍攝，照片展現了淺水灣最遲在戰後初期才有浮台等設施。

圖 171 ｜ 攝於淺水灣東部的海角遊樂場，一對洋人男女正從麗都餐廳離開。

　　圖 171 拍攝於淺水灣東部的海角遊樂場，一對洋人男女正離開開業於 1934 年的麗都餐廳。這個遊樂設施與淺水灣酒店同由「香港大酒店」營運，由於沒有一般酒店的拘謹，在 1970 年代結業前，麗都一直是一家老少游泳吃雪糕的好去處，圖中也見牧場同在南區的牛奶公司，為雪糕產品賣廣告的招牌。[21]

21　See Wordie, Jason. *Streets: Exploring Hong Kong Island*, p. 229.

''Mail'' Postcard. Middle Bay.

圖172｜從淺水灣的西南山坡上，瞭望中灣景色。山坡仍未見任何建築，可知應攝於 1920 年代。

　　原來在淺水灣的東南方向，另有中灣（Middle Bay）及南灣兩個泳灘，只是因海浪較大水位太深，沒有像淺水灣一般興旺。圖 172 是在淺水灣的西南山坡上，瞭望中灣景色的明信片，山坡上仍未見任何建築，可知應拍攝於 1920 年代。

　　現今南區其他著名的景點還有位於淺水灣東南的赤柱，以及位處港島極東的石澳。或因赤柱有較多軍事設施，雖然陳公哲的旅遊指南提及過這個小漁村，但罕見戰前的相片與明信片，石澳更被《香港指南》剔除於環島路線外。幸好這個僻靜海灘山明水秀，戰後更有明信片攝影師跋涉山川，為我們留下石澳往日的風光。[22] 圖 173 應是 1950 年代的石澳海灘，已見泳客頗多，但左邊的石澳村屋宇仍較疏落。圖 174 以海灘西南望向石澳村的角度拍攝，上方村落的泳屋及村屋已擠擁得多，應是在時代稍後而石澳業已成南區主要泳灘時的景色。

22　See Wordie, Jason. *Streets: Exploring Hong Kong Island*, pp. 188-189.

圖 173 | 1950 年代的石澳海灘上泳客頗多，反而圖左的石澳村屋宇仍較疏落。

圖 174 | 從海灘西南望向石澳村，上方村落的泳屋及村屋較為擠擁得多。

(3) 薄扶林

　　如果從我們最初講述的堅尼地城，一直沿著港島西的海岸線往南走，很快便會
到達薄扶林。若從香港仔往西走，也是略為登山便可到達這個開埠初期，集牧場和水
塘於一身的港島後花園。薄扶林區份名稱的來源，有說是採「泊鳧林」之讀音轉化而
成，意即棲泊著鳧這種野鴨的樹林。[23] 位處此區的薄扶林村，據稱開村於清初康熙復

'‘Mail Postcard.’' Village Pokfulam.

圖 175 | 約 1920 年代薄扶林村的景色。

23　見魯金：《香港西區街道故事》，頁 41-42。

界或以後的雍正時期（1723-35），為港島較早期的客家人聚落。[24] 圖 175 大概為 1920
年代該村的景色，圖右下角為村民的墓地，而左邊則是他們的稻田。村後的斜坡是
1863 年竣工的薄扶林水塘主壩，其上的長型建築應是看守員房舍，房後則是配水庫
設備。圖 176 這張二十世紀初的上色明信片，從太平山頂向西南俯瞰薄扶林水塘。堤
壩下除薄扶林村外，那些加上紅色的建築，多與牛奶公司的牧場有關。

圖 176 ｜ 從太平山頂向西南俯瞰約二十世紀初的薄扶林水塘。

24　See Wordie, Jason. *Streets: Exploring Hong Kong Island*, p. 247.

圖 177 是在堤壩斜坡上，近距離觀望建於 1887 年的牛奶公司牧場，以及相鄰的薄扶林村景象。「在全盛時期牧場擁有超過 50 個牛棚，飼養了 1500 到 1900 頭乳牛，整個山頭都可以看到正在吃草的牛。牧場也設有多座草廬和糞池，也設有辦公室和宿舍。」牛奶公司在 1983 年關閉了牧場，政府購入部分土地建成了今日的置富花園。[25] 牧場既在本地出產新鮮的乳製品，往南區郊遊的遊客，何不省卻市內運輸的阻滯，直接於牧場前享用牛奶或雪糕？圖 178 這張明信片，便拍攝了約為 1960 年代開設於牧場外的牛奶公司餐室。

這些照片帶領了香港島環島一周的旅程，旅程的尾聲是開啟未來發展的數碼港。圖 179 拍攝了今日數碼港山上薄扶林村西邊的別墅景色，位置應在今日薄扶林水塘道上的薄鳧林牧場展覽館和中華廚藝學院附近，港灣對出的兩個小島是鴨脷洲以西的龍山排和火藥洲。這張寬景照片（Panorama），應使用 1901 年柯達公司開發的中幅 120 底片拍攝；而所用的寬景相機，很可能是柯達於 1899 至 1928 年間製造的 Kodak Panoram No.1 旋轉鏡頭相機。[26] 圖中翠綠的山坡大概攝於香港淪陷之前。從薄扶林沿域多利道繞過摩星嶺，就到達堅尼地城。從南區的綠山碧水踏進港島北岸連綿不斷的市街，這趟跨越時空的環島旅程亦正式結束了。

---

25 參「百年歷史香港本土牧場：薄鳧林牧場」，見「尋踪覓跡」網站（hong-kong-heritage.com），2024 年 4 月查訪。See Wordie, Jason. *Streets: Exploring Hong Kong Island*, pp. 247-248.

26 有關二十世紀全景相機的介紹，見黃俊榮：《古典相機收藏圖鑑》，頁 54-57。

圖 177 | 在堤壩斜坡上，近觀牛奶公司牧場，以及相鄰的薄扶林村景象。

圖 178 | 攝於 1960 年代，開設於牧場外的牛奶公司餐室。

圖 179 | 攝於薄扶林村西邊的別墅景色，位置應在今日薄扶林水塘道上的薄鳧林牧場展覽館和中華廚藝學院附近，港灣對出的兩個小島是鴨脷洲以西的龍山排和火藥洲。

後記

　　本書的立心，是要盡量發掘較稀有的香港照片和明信片中的歷史訊息。不過，街區其實處處皆有故事，若只依前人編著的影集說明及有關港島街道的掌故著作，未必能獲得所選照片中特定環境的答案，故此有時仍得親身到當地考察，也運用各種電子地圖的街道環視功能，甚至參考各處街坊和志願團體，對各區圖片及地貌變遷的網絡資料，才能綜合出書中對各張照片的時、地、人、事推論。此外，有關攝影的技術參數，往往因照片本身的狀況而難下定論，在分析的過程中，只有抱著「大話勿說」的原則，對肯定的提供詳實的論據，對推斷的以「約」或「大概」等用字，老實說明存疑之處，更對心存想法但證據闕如的割捨或保守沉默。不過無論觀察得如何仔細，我們數人的學養及關懷始終有限，無寧將此書視為引玉之作，期望大家發現當中的缺失與遺漏時，除了指正與補充相關問題外，也能推進大眾對港島街區歷史的關懷，令存留於照片中的昔日，能指引我們的未來，成為既有趣又實用的文化遺產。

策劃編輯　　梁偉基
責任編輯　　許正旺
書籍設計　　陳朗思

書　　名　從暗淡到絢爛：看得見的港島故事
著　　者　張順光　陳照明　譚家齊
出　　版　三聯書店（香港）有限公司
　　　　　香港北角英皇道四九九號北角工業大廈二十樓
香港發行　香港聯合書刊物流有限公司
　　　　　香港新界荃灣德士古道二二〇至二四八號十六樓
印　　刷　寶華數碼印刷有限公司
　　　　　香港柴灣吉勝街四十五號四樓 A 室
版　　次　二〇二四年七月香港第一版第一次印刷
規　　格　十六開（185 mm × 245 mm）二一六面
國際書號　ISBN 978-962-04-5498-1